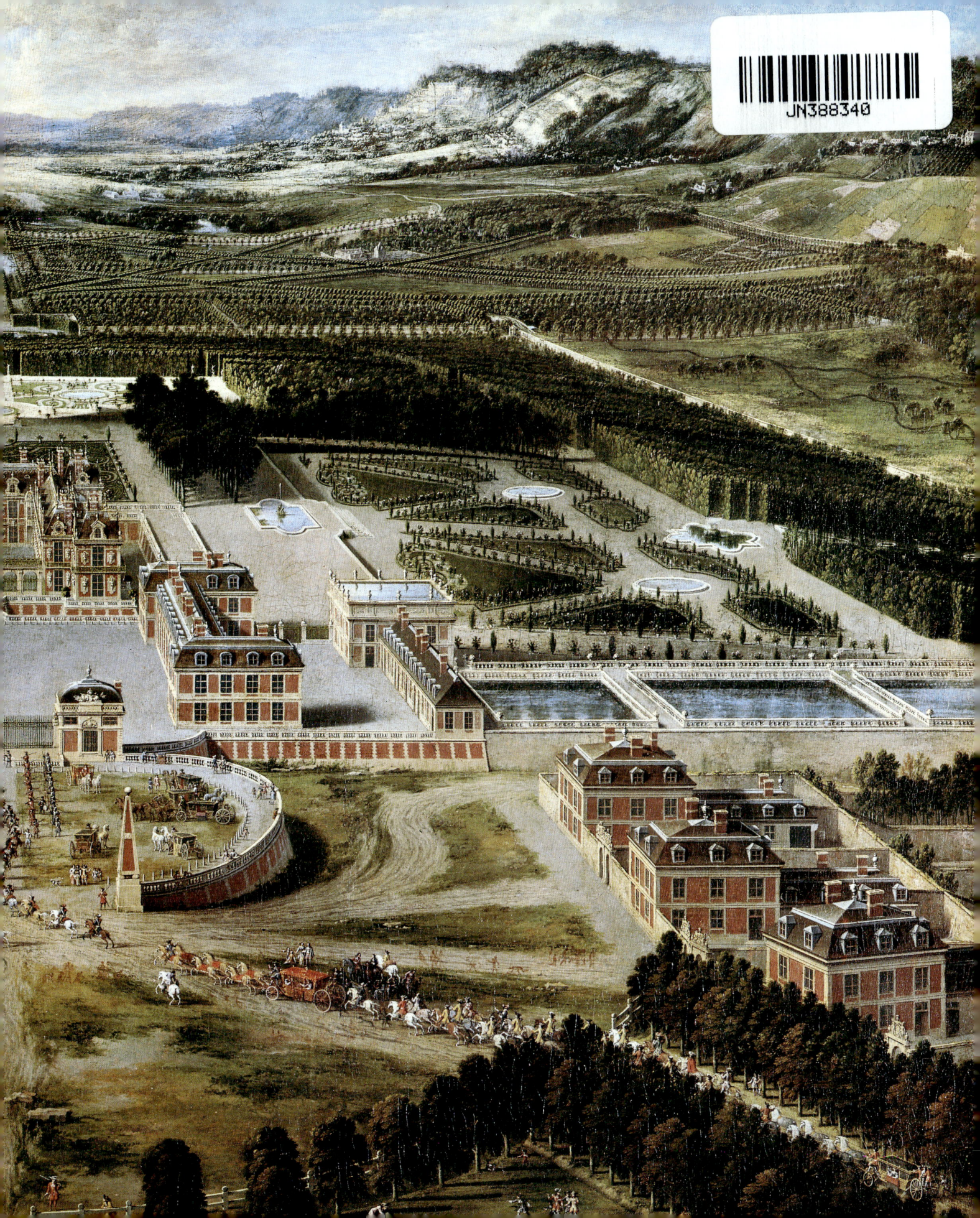

글쓴이 샤를 들라빌은 루브르 박물관에서 학예사로 일하고 있습니다.

그린이 엠마누엘 에티엔은 1997년부터 수많은 책과 출판물에 삽화를 그렸습니다. 기업 판촉물이나 초상화도 그리고 있습니다.

옮긴이 류재화는 고려 대학교 불문학과를 졸업한 후 출판사에서 일했습니다. 지금은 파리 누벨소르본 대학교 문학부에서 박사 과정 중이며, 여러 권의 어린이 그림책 및 교양서를 비롯해 다양한 인문, 문학 서적을 번역했습니다. 옮긴 책으로는 「루브르로 읽는 세계사」 시리즈와 「꽃밭에 사는 작은 친구들」 시리즈, 『아프리카 우화집』『중국 민화집』『난 작지만 내 나무는 진짜 커요!』『심연들』『그날들』 등이 있습니다.

루이 14세
태양왕의 시대

글쓴이 | 샤를 들라빌   옮긴이 | 류재화
펴낸이 | 김서영   펴낸곳 | 토마토하우스
등록 | 2005년 8월 4일(제406-2005-000027호)
주소 | 413-756 경기도 파주시 문발동 파주북시티 520-11
홈페이지 | www.sonyunhangil.co.kr
블로그 | hangilsa.tistory.com
전자우편 | sonyunhangil@hangilsa.co.kr
전화 | 031-955-2012   팩스 | 031-955-2089

Louis XIV : Sous le règne du Roi-Soleil
by Charles Delaville

Copyright ⓒ Hachette Livre, 2007
Published by arrangement with Hachette Livre
All rights reserved.

Korean translation copyright ⓒ 2012 by TOMATOHOUSE
Korean edition is published by arrangement with Hachette Livre through Imprima Korea Agency.
All rights reserved.

이 책의 한국어판 저작권은 임프리마 코리아 에이전시를 통해 저작권사와 독점 계약한 토마토하우스에 있습니다.
저작권법에 의해 한국 내에서 보호를 받는 저작물이므로 무단 전재 및 무단 복제를 금합니다.

1판 1쇄 펴낸날 2012년 7월 30일

ISBN 978-89-97313-24-2 74600

값 13,500원

• 잘못 만들어진 책은 구입하신 서점에서 바꿔드립니다.
• 이 도서의 국립중앙도서관 출판시도서목록(CIP)은 e-CIP 홈페이지(www.nl.go.kr/ecip)와 국가자료 공동목록시스템(www.nl.go.kr/kolisnet)에서 이용하실 수 있습니다.
(CIP제어번호: CIP2012003116)

CHANGPO design group 031-955-2080

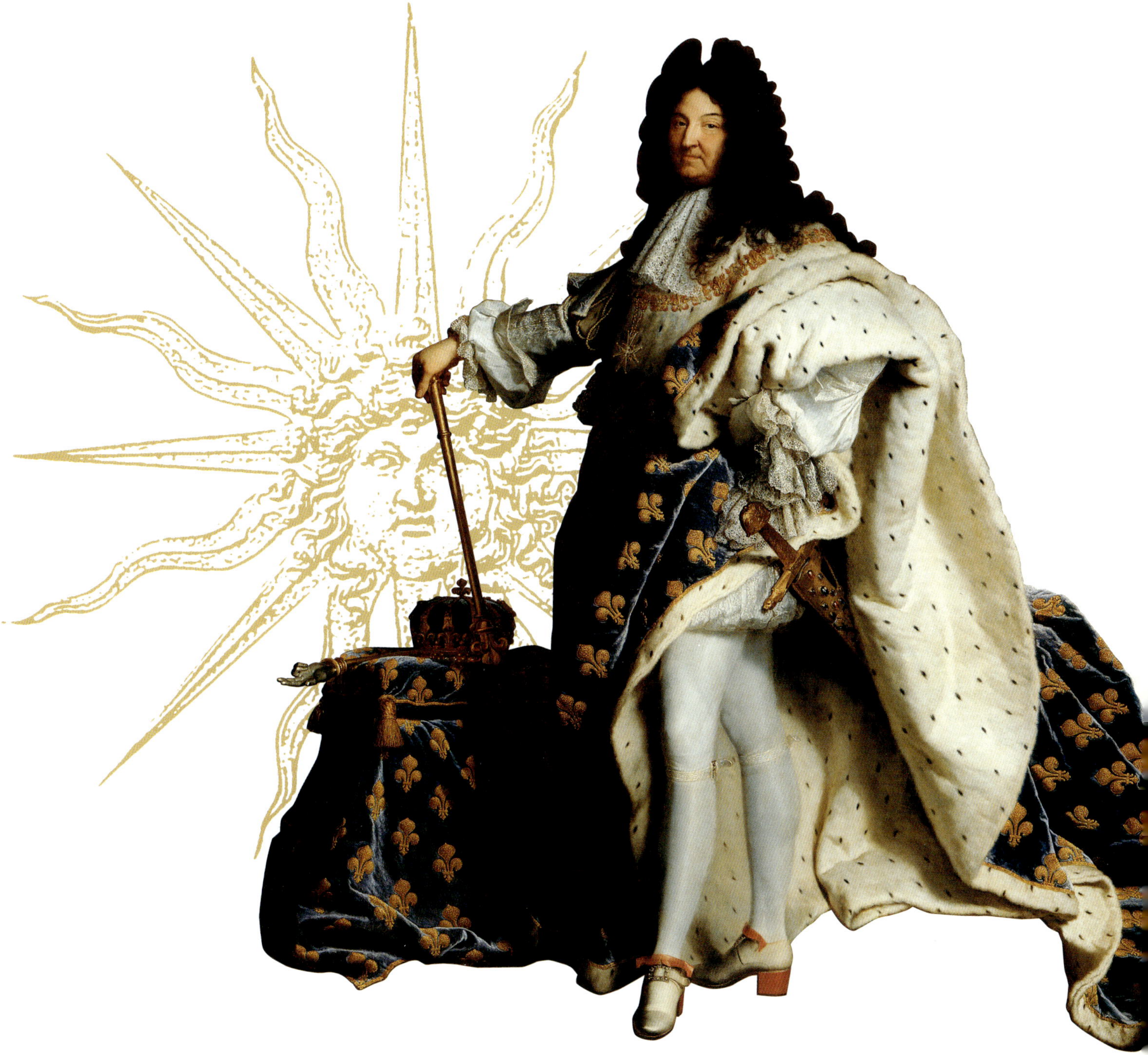

루이 14세
태양왕의 시대

샤를 들라빌 지음 | 엠마뉘엘 에티엔 그림 | 류재화 옮김

차례

4-5 기적의 아이
금슬이 좋지 않았던 부모 • 신이 주신 아이 • 왕세자의 교육 • 왕세자의 교사들

6-7 섭정과 프롱드의 난
무거운 유산 • 왕가의 싸움 • 의원들의 반란 • 공작들의 모략

8-9 무소불위의 군주권
"짐이 곧 국가다" • 권력 강화 • 의심 많고 거만한 왕 • 관직 매매

10-11 국가의 신식화
국정 자문 회의 • 강력한 관료들 • 권력의 실세들 • 수많은 개혁

12-13 보호 무역
신중한 무역 정책 • 제조업 • 해상 무역의 발전 • 식민 제국의 시작

14-15 군사력이 강화된 프랑스
잘 훈련된 군대 • 뛰어난 전략 • 국경 방위 강화 • 군사 병원의 설립 • 해군의 발전

16-17 방어 정책
영토 확장 • 귀속 전쟁 • 네덜란드 전쟁 • 아우구스부르크 연맹

18-19 태양왕의 궁정
궁인들 • 모든 이를 위한 축제 • 태양왕의 첫 무대 • 화려한 영접

20-21 왕의 하루
기상 • 아침 업무 • 성대한 점심 식사 • 오후는 야외에서 • 저녁 여흥

22-23 사랑에 빠진 왕
첫사랑 • 정식 결혼 • 발리에르의 아름다운 눈 • 왕의 마음을 사로잡은 몽테스팡 • 신앙심이 매우 깊었던 맹트농

24-25 왕과 그 가족들
사랑받지 못한 '무슈' • 아들과의 불화 • 왕자들 • 적자들

26-27 건축왕
루브르 • 튈르리 • 사냥 별장 • 마를리

28-29 베르사유 궁
끊임없는 공사 • 대접견실과 내실 • 왕의 명예를 위하여 • 신의 영광을 위하여 • 베르사유 궁 주변

30-31 왕의 정원
열정 넘치는 애호가 • 정원의 장인 • 베르사유의 성공 • 거대한 수로 • 위대한 건축 기술

32-33 권력에 무릎 꿇은 예술
역동적인 메세나 • 아카데미의 발전 • 최초의 궁정 화가 샤를 르 브룅 • 불멸의 조각

34-35 수집왕
그림 애호가 • 고대 로마 시대에 대한 존경 • 수많은 금은 세공품 • 화려한 가구

36-37 교양인
문학이 꽃피다 • 몰리에르와 연극 • 음악의 다양화 • 프랑스 과학의 비약적 발전

38-39 사회의 중심이었던 종교
수많은 성직자들 • 독실한 가톨릭 신자 • 개신교도들 • 장세니스트

40-41 화려함의 이면
고된 농촌 생활 • 위험한 도시 • 도시 미화 • 광장과 기마상

42-43 힘들었던 통치 말기
에스파냐 왕위 계승 • 기근의 시대 • 누가 상속자가 될 것인가? • 루이 14세의 최후

44-45 신화와 전설
어두운 전설 • 유럽에 미친 영향 • 바이에른의 모방 • 세계적 명성

46-47 태양왕 루이 14세의 가계도

48-49 그림 및 사진 설명

기적의 아이

늦둥이로 태어난 루이 14세는 외롭고 짧은 유년 시절을 보냈다.
네 살이라는 어린 나이에 왕위를 물려받아 한 나라를 책임져야 하는 어려운 현실과 직면했다.

금슬이 좋지 않았던 부모

1615년, 루이 13세는 에스파냐의 왕 펠리페 3세의 딸인 안 도트리슈와 결혼했다. 왕은 18년 동안 리슐리외 재상과 함께 프랑스를 부강하게 만드는 데 온 힘을 썼다. 왕은 사냥을 좋아했고 또 음악에도 조예가 깊어, 직접 작곡을 하기도 하고 발레곡을 쓰기도 했다. 그러나 왕비는 궁정의 사치와 오락을 즐겼다. 왕과 왕비의 닮은 점이라곤 독실한 신앙심뿐이었다. 부부의 금슬은 그다지 좋지 않았다. 왕은 부인이 에스파냐 왕가와 음모를 꾸미지 않을까 늘 의심했다. 게다가 왕은 성격이 어두워 다른 권력자들을 질투했다. 부부는 바라 마지않던 후계자를 얻기 위해 1638년 '루이 13세의 서약'을 통해 성모 마리아 숭상을 추진했다.

어린 왕 루이가 고대 로마 의상을 입고 있다. 장군 옷과 월계관은 고대 로마의 영웅을 떠올리게 한다.

루이 13세가 죽은 그리스도를 지키는 성모 마리아에게 왕관과 왕홀을 바치고 있다.

다른 공식 초상화에 비해 왕비의 애정이 잘 나타나 있다. 안 도트리슈 왕비와 루이 왕세자의 모습이 매우 친밀해 보인다.

왕세자의 유모는 매우 선망 받는 일이었다. 왕실 세계에 진입할 수 있는 기회일 뿐만 아니라, 많은 재물이 따랐으며 가문의 사회적 상승도 가능했다.

신이 주신 아이

22년의 결혼 생활 동안 몇 번의 실패 끝에 왕비는 마침내 1638년 9월 5일 생제르맹앙레의 샤토 뇌프에서 왕세자 루이 '디우도네(신의 선물이라는 뜻)'를 출산했다. 부부의 간절한 기도를 신께서 들어주신 것이다. 감동한 안 도트리슈 왕비는 교회를 짓고, 파리의 발드그라스에 수도원을 세웠다. 아기는 태어났을 때 이미 이가 두 개나 있었다고 한다. 그 때문에 젖을 물린 유모들이 고통을 호소해 너덧 번이나 계속 바뀌었다. 피에레트 뒤 푸르라는 유모만이 5년 동안이나 고통을 참아 가며 젖을 물렸으며, 매일 아침 왕세자가 일어날 시간에 맞춰 왕세자를 찾아가 안아 주었다.

왕세자의 교육

왕세자의 교육은 다른 귀족 자제들에 비해 그리 철저하지 않았다. 루이는 수학과 역사를 배웠고, 에스파냐어를 능숙하게 구사했지만, 라틴어와 그리스어는 서툴렀다. 미래의 왕은 평생 그랬듯이 어릴 때부터 독서

단 한 번도 성직자 서약을 하지 않은 마자랭 추기경이 교회를 대표하는 수장으로서 붉은 추기경복을 입고 있다. 뒤에 보이는 것은 뱅센 성이다. 이 성에는 수많은 왕실 관련 예술품들이 소장되어 있다.

보다 토론을 좋아했다. 가신 피에르 드 라 포르트는 왕세자에게 역사 고전들을 읽어 주며 역사를 좋아하게 만들었다.

반면 무술 교육은 매우 적극적으로 추진되었다. 승마, 무기 연습, 전술과 관련된 여타 훈련들을 받았다. 그러나 왕세자는 예술 방면에 감수성이 더 뛰어났다. 무용을 아주 좋아했고, 직접 기타를 연주했다.

왕세자의 교사들

1646년 3월 왕비는 왕세자의 대부였던 마자랭 추기경에게 왕세자의 교육을 맡겼다. 추기경은 특히 예술 분야에서 왕세자에게 자신의 취향과 견해를 불어넣었다. 또한 각 장관들의 일상 업무에 왕세자를 입회시킴으로써 왕이 되는 과정을 하나하나 밟아 나가도록 도왔다. 이후 빌루아 후작이 루이의 교육을 맡는데, 이론 교육보다 무술 훈련을 강조했다. 훗날 파리의 주교가 되는 보몽 수사가 왕세자의 다음 가정 교사가 되었다. 어린 왕세자는 그에게서 생각을 숨기는 법을 배웠고, 이는 훗날 권력을 위한 가공할 무기가 되었다.

섭정과 프롱드의 난

루이 13세가 죽자 왕비와 마자랭 추기경은 왕국의 안정을 유지하고자 애를 썼으나, 사회 전반의 총체적 불만과 음모들은 좌시했다.

콩데 공작의 거만한 성격을 잘 보여주는 청동상. 콩데 공작은 용감한 전사였으나, 성격이 급하기로 유명했다.

무거운 유산

1643년 5월 14일, 루이 13세가 서거했다. 태어난 지 4년 하고도 8개월 9일이 지난 아들이 왕위를 물려받게 되었다. 왕권이 약화될 위기에 처하자 왕비는 마자랭 추기경의 도움을 받아 프랑스를 통치했다. 이것을 섭정이라 한다.

당시 프랑스는 유럽 북부의 네덜란드, 동쪽의 신성 로마 제국과 남부 에스파냐 사이에 끼여 위태로웠다. 왕비와 마자랭 추기경은 프랑스의 힘을 더욱 신장시키겠다는 의지를 다졌다. 이를 위해서는 오스트리아 합스부르크 왕가의 야망을 꺾어야 했다.

왕가의 싸움

섭정 초기였던 1643년 5월, 피카르디 로크루아가 승리를 거뒀고, 왕의 사촌이자 훗날 콩데 공작이 되는 22세의 앙기엔 공작이 에스파냐 군대를 섬멸했다. 덕분에 왕국은 침략으로부터 안전할 수 있었다.

루이 13세의 동생이었던 오를레앙 공작은 왕좌를 차지하기 위해 평생 자신의 경쟁자들을 상대로 음모를 꾸몄지만, 돈과 명예의 유혹에 넘어가 오히려 공모자들을 밀고함으로써 매번 실패했다. 왕권에 대한 그의 야망은 루이 디우도네의 탄생과 안 도트리슈의 섭정으로 무너졌다. 훗날 몽팡시에 공작 부인이 되는 딸(그랑드 마드무아젤이라고도 불림)을 자기 조카인 루이 14세와 결혼시킬 계획을 세우기도 했다.

의원들의 반란

왕권이 약화된 틈을 타 귀족들과 의회는 리슐리외 재상 때문에 줄어든 특권을 되찾으려 시도했다. 이들은 과도한 세금 징수에 불만을 품은 민중 세력을 뒤에 업었다. 1648부터 1653년에 걸쳐 일어난 이 반란을 프롱드의 난이라 일컫는데, 프롱드라는 말은 당시 서민 아이들이 갖고 놀던 새총 혹은 투석기를 뜻한다.

왕의 게르만 혈통 사촌인 몽팡시에 양이 전쟁의 여신 미네르바 의상을 입고 도도한 포즈를 취하고 있다. 들고 있는 초상화 속의 인물은 아버지인 가스통, 일명 오를레앙 공작이다.

1648년 8월 26일 '바리케이드의 날' 이후 파리에 몰려든 군중이 팔레 루아얄 궁을 점령했다. 왕비는 1649년 1월 6일 밤, 파리 북부 생제르맹앙레 성에 피신한 후 콩데 공작의 군대를 기용해 파리를 다시 포위했다. 1649년 4월 1일 뤼에이 평화 협상이 성사되었는데, 파리 시민들은 왕세자를 내놓을 것을 집요하게 요구했다. 그러나 왕비는 프롱드 당원들의 대사면을 약속하며 위기를 넘겼다.

공작들의 모략

콩데 공작은 콩티, 튀렌, 보포르, 롱그빌, 라 로슈푸코, 파리 대주교의 보좌 주교 등 일명 '그랑(크고 위대하다는 뜻)'이라 불린 인물들과 함께 한때 동지였던 마자랭을 실권시키기 위해 계략을 꾸몄다.

왕비는 콩데 공작을 뱅센 성에 투옥시키고, 마자랭을 파면하는 척하며 방면했다. 이후 에스파냐와 힘을 합친 콩데 공작은 지방에서 반란을 일으키며 파리까지 진군했다. 튀렌이 지휘하는 왕실 군대가 궁에 합류했지만 왕의 사촌인 그랑드 마드무아젤, 몽팡시에 양의 명령으로 바스티유에서 쏜 대포 공격으로 진압되었다. 왕세자와 왕비는 1652년 10월 21일 마침내 파리로 돌아왔다. 콩데 공작은 다시 도피 길에 올랐고, '그랑'들은 와해되었으며, 왕권은 강화되었다.

보좌 주교 주교직을 계승하게 될 성직자.

왕관을 쓴 루이 14세의 위엄에 찬 초상화는 군주권을 옹호하기 위해 필요한 일종의 프로파간다(선전)였다.

왕실 군대와 공작 군대가 파리 성벽에서 접전을 벌이고 있다. 뒤에 보이는 성이 뱅센 성이다.

무소불위의 군주권

1651년 9월 7일, 성인이 된 루이 14세는 1661년부터 1715년까지
프랑스 역사상 가장 길게 집권하여 절대 왕정을 구축하고 강화시켰다.

젊은 날의 루이 14세는 유럽 궁정의 모델이었다. 그동안 아름답게 멋을 부리는 왕이 없었기 때문에 거의 '아이돌(우상)' 취급을 받았다. 루이 14세는 깃털 모자와 화려한 가발, 섬세한 자수와 리본 등으로 장식한 고급 천으로 만든 의상을 즐겨 입었다.

"짐이 곧 국가다"

루이 14세는 1661년 3월 9일 마자랭이 죽은 이튿날 바로 독립 의지를 밝혔다. 재상 및 국가 대신, 각료 들에게 "내가 스스로 통치할 때가 되었다"고 선포했다. 23세의 젊은 왕은 왕국에 속한 20여 개 지방을 차례로 방문했다. 1661년에는 브르타뉴 지방을 찾았으며, 지방의 정복지들인 아르투아(1662년), 콩테(1668년), 아이노(1677년), 알자스(1681년) 등을 방문했다. 당시 프랑스의 인구는 약 2천만 명으로, 유럽에서 가장 인구가 많은 나라였다.

파리 의회 초대 의장이었던 바스빌 후작, 기욤 드 라무아뇽은 대표적인 법복 귀족이었다. 붉은 비단 의복에 흰 담비 모피를 두르고 있다.

푸케가 지은 보르비콩트 성은 프랑스 건축 예술의 걸작이다. 푸케는 결국 지나친 사치로 실각했지만, 루이 14세는 이 성에서 영감을 받아 베르사유 궁을 지었다. 실제로도 똑같은 예술가들이 작업했다.

권력 강화

국왕의 행동은 이론적으로는 행정 기관인 의회 및 국정 회의에 의해 제한되었다. 옛 왕실 저택인 시테 드 팔레에 자리 잡은 파리 의회는 법의 수호자였다. 법복 귀족(직책 덕분에 귀족 작위를 받은 사법관 및 부르주아지)들은 왕실 칙령을 기록하고 훈계할 권한을 가졌다. 하지만 루이 14세는 1673년부터 이 모든 것을 금지시켰다.

의심 많고 거만한 왕

벨일 후작이었던 니콜라 푸케는 1653년 재무총감이 되었다. 유능했던 푸케는 프롱드의 난으로 끔찍하게 악화된 재정 상황에도 불구하고 많은 일을 벌였다. 보르비콩트 지역에 웅장한 성을 지었으며 왕을 위해 화려한 축제를 수시로 열었다. 그러나 상상을 초월한 낭비와 경거망동한 태도는 왕의 분노를 샀다. 얼마 후 푸케는 자금 횡령으로 고발, 구속되었다. 다행스럽게도 사형은 면했으나, 재산을 몰수당하고 평생을 감옥에서 보냈다.

루이 14세는 이런 처벌을 본보기로 삼아 국가 공무원들의 독단적 행동과 부정한 부의 축적을 막았다.

관직 매매

국가는 자금을 충당하기 위해 '관직'을 수행할 때 맡은 임무를 팔 수 있도록 했다. 따라서 왕이 지명한 고위 관직은 150여 개 정도였지만, 그에 따른 임무를 맡은 자들이 4만 5천 명에 달했다.

사소한 업무 하나 때문에 작위를 가진 사람도 많았다. 예를 들어 양초 만드는 일을 하며 작위를 받은 사람도 있었다. 퐁샤르트랭 장관은 루이 14세에게 이렇게 말했다. "폐하가 관직 하나를 창조하셨다면, 신은 그 관직을 사려고 하는 바보 하나를 창조하셨습니다."

궁정 인사들에 둘러싸인 루이 14세가 신하들에게 교회의 위엄과 국가의 임무를 부여하고 있다. 루이 14세는 이들에게 마땅한 보상을 내릴 의지도 피력했다.

국가의 신식화

유능하고 헌신적이었던 장관들과 자문관들은 국왕을 보필하는 중앙 집권 국가를 만들기 위해 새로운 행정 체제를 정비했다.

국정 자문 회의

국가 권력은 최고 자문 회의가 국왕을 어느 정도 통제하며 집행되었다. 비서 사무국과 위원회의 도움을 받는 다른 고문 기관들이 각 분야를 관리했다.

재정원, 참사원, 각 지방 관리들을 중앙화하며 행정 재판소 역할까지 수행한 파발부, 그리고 고위 성직자들의 관직을 임명하는 의무위원회까지 관직을 차지한 대부분의 사람들은 귀족 영주나 무사 귀족이 아니었다. 법복 귀족 출신이거나 더 나아가 부르주아지들이었다.

루이 14세는 적어도 하루에 8시간을 왕실 업무에 임했다. 왕은 침상에서 임종을 앞두고 이렇게 말했다고 한다. "나는 가지만, 국가는 영원할 것이다."

루이 14세의 친필 사인. 몇몇 정해진 비서진들에게는 국가 공문 및 서한에 왕을 대신해 서명할 권한이 주어졌다.

고대 석고상들로 장식된 대(大)살롱에서 붉은 옷을 입은 왕이 검은 관복을 입은 국가 최고 자문 회의 의원들, 고등 법원 위원들과 회의를 하고 있다.

콜베르는 자신의 모든 힘을 프랑스의 국력을 강화하는 데 쏟았다. 행정 체계를 근대적으로 정비하고 왕실 군대를 강하게 만들기 위해 전력을 다했다.

왕실 재정원은 만족을 모르는 끝없는 욕심으로 유명했다. 거의 모든 국민을 인두세 채무자로 만들어 세금을 징수했고, 그 세금은 18세기 초 전쟁 비용으로 사용되었다.

루부아 후작은 군사, 재정, 예술 등 거의 모든 분야의 일을 척척 해냈다. 그 명성은 지금까지도 자자하다.

권력의 실세들

랭스 지방 나사 직조공의 아들이었던 장바티스트 콜베르는 지독할 정도로 열심히 일한 덕에 서서히 높은 지위에 올라 푸케의 몰락에 한몫하게 되었다. 이후 건축 및 제조, 매뉴팩처(공산업) 총행정감독관직을 맡으며 천천히 경력을 쌓아, 1665년에는 재정 총통제관 및 왕실 정무관, 해양 정무관직을 맡았다.

콜베르 사후에는 루부아 후작 프랑수아미셸 르 텔리에가 정부의 새로운 실세가 되었다. 그는 전쟁 고문이었던 아버지의 뒤를 이어 훨씬 더 공격적인 정책을 실시했으며, 프랑스 군대를 본질적으로 개혁해 유럽 최고의 군대로 만들었다.

강력한 관료들

재무총감, 재정 감독관, 4명의 정무 차관 등이 왕국을 경영했다. 집권 시기 내내 루이 14세는 능력 있고 헌신적인 관료들의 도움을 받았다. 그들 대부분은 법복 귀족들이었다. 이들은 가족처럼 지내면서, 서로 권력을 공유하며 협력했다. 텔리에, 콜베르, 펠리포 같은 인물이 대표적이다.

31명의 재판, 치안, 재정, 군대 지방관들은 소수 행정직들의 도움을 받아 왕령이 잘 시행되고 있는지 감시했다. 왕권에 의해 세금이 정해지는 국가세가 18가지, 투표를 거쳐 지역별로 분배되는 지방세가 13가지 있었다.

수많은 개혁

루이 14세의 통치는 법 제정에서 큰 업적을 남겼다. 1667년에 루이 법전(민법), 1669년 산림법, 1670년에 완성된 형법 등을 만들었다. 또한 콜베르는 직접세를 낮추고 간접세(보조세, 추징세 및 염세)를 올리는 조세 개혁을 단행했다.

왕은 관직 매매를 줄이면서 경제 활동을 증가시켜 국가 수입을 늘리는 등 국가 예산의 균형을 맞추기 위해 노력했다.

보호 무역

국왕은 왕국의 경제적·재정적 자립이 보장되기를 원했다.
조세 수입을 늘리고 제조업을 고안하면서 식민 제국을 발전시켜 나갔다.

고블랭 매뉴팩처를 방문한 루이 14세. 프랑스 예술가들은 태피스트리에 왕의 영광을 표현하였다. 태피스트리, 바닥 깔개, 고급 목재 가구 및 금세공 등 아름다운 걸작들이 쏟아져 나왔다.

로열 매뉴팩처 왕립제조 공장. 베르사유 궁에 있는 '거울의 방'의 거울도 왕립제조 공장인 생고뱅 아틀리에에서 1592년에 만들었다.

신중한 무역 정책

콜베르의 야망은 귀금속, 특히 에스파냐가 정복한 아메리카 대륙에서 얻어지는 금을 축적하는 것이었다. 외국의 특산물, 가령 이탈리아의 사치품이나 네덜란드의 섬유 직물 등에는 세금을 무겁게 부가하여 수입품을 줄였다. 반대로 제조업 및 무역업 등에는 특혜를 주면서 수출을 늘렸다. 이와 같은 일종의 보호 무역주의를 '콜베르티슴(Colbertisme)'이라 부른다.

제조업

국가는 30여 개 사업장에 보조금과 모든 종류의 특혜들을 지원했다. 이것이 이른바 '로열 매뉴팩처'였다. 그 대신 고블랭의 섬유업, 가구 제조업, 사보느리의 태피스트리 제조업 등 로열 매뉴팩처는 엄격한 규율을 따라야 했다. 생테티엔의 무기 제조업, 브레스트, 툴롱과 로슈포르쉬르메르의 해군 조선업 등만이 예외적으로 무기 및 군수 물자를 조달했다.

베르사유 궁 거울의 방 천장 장식의 일부. 이 알레고리는 운하 덕에 만난 두 바다를 상징한다.

알레고리 그리스어의 '다른(allos)'과 '말하기(agoreuo)'가 합성된 말로, 어떤 개념을 직접적으로 표현하지 않고 다른 것에 빗대어 하는 표현을 말한다. 흔히 '우의', '풍유'라고도 한다. 프랑스 고전 시대에는 문학뿐만 아니라 그림이나 태피스트리, 조각 등의 예술 작품에 알레고리 표현법이 많이 쓰였다.

해상 무역의 발전

콜베르는 공기업을 참여시켜 선박 산업을 장려했다. 투자자, 기업가와 같은 개인 사업가들은 그다지 적극적이지 않았다. 국가 지도층은 상인들과의 거래를 신뢰하지 않았고, 상인들은 국가를 신뢰하지 않았다. 공기업 중에서는 프랑스 동인도 회사가 가장 유명했다. 1664년 시작된 프랑스 동인도 회사는 그 후로 50년간 남아프리카 희망봉 및 인도, 극동 아시아, 남태평양주 등지에서 무역 특권을 가졌다. 인도에 5개의 해외 상관을 설치하고, 특히 퐁디셰리와 찬데르나고르 등에 자리한 해외 상관은 비단, 면, 차, 향료 등 고가품 무역에 기여했다.

식민 제국의 시작

1685년 제정된 흑인법에 따라 노예 무역이 실시되었다. 특히 해외 상관이 자리 잡고 있던 세네갈 등에 일 부르봉(현재 레위니옹), 일 드 프랑스(현재 일 모리스) 식민지들에서 실려 온 흑인들이 강제로 팔려 나갔다. 노예들은 사탕수수 대농장 등에서 일했다.
라이스바익 조약(1697년)으로 프랑스는 생도맹그(아이티) 서부를 차지했다. 프랑스의 북아메리카 탐험가였던 로베르 드 라 살은 미시시피 강 유역을 루이 14세 치하에 둔다고 선언하고, 이 지방을 루이지애나로 명명하였다. 하지만 에스파냐 왕위 계승 전쟁 결과, 루이 14세는 테르뇌브('새로운 땅'이라는 뜻), 아카디아, 캐나다의 허드슨 만 일대를 양도해야 했다. 이로써 북미 대륙에 영국 세력이 들어서고 프랑스 세력이 쇠락하기 시작했다.

인도 퐁디셰리에 해외 상관을 설치하여 차와 도자기 등 고가 사치품에서 막대한 이윤을 남겼다. 상가 건물 및 프랑스 동인도 회사, 해군 사령부 및 총독 관저 등이 묘사되어 있다.

머리에 깃털 모자를 쓰고 있고 손에는 앵무새를 들고 있는 이 여인 조각상은 미국 대륙을 상징한다. 그리고 여인이 안고 있는 커다란 뿔은 거대한 대륙에서의 유럽의 힘을 상징한다. 악어는 루이지애나, 즉 루이 14세의 이름을 딴 미시시피 강 지역을 나타낸다.

군사력이 강화된 프랑스

프랑스는 1680년경 유럽에서 가장 막강한 군사력을 자랑하는 국가였다.
무거운 재정적 희생과 대규모의 개혁, 그리고 노동 등을 통해 이뤄낸 성과였다.

이 태피스트리는 전장에서 말을 타고 활약 중인 왕을 묘사한 것이다. 멀리 됭케르크 성곽을 공격하는 병사들이 보인다.

성직록 성직자에게 주는 봉록.

뛰어난 전략

루이 14세는 튀렌의 자작 앙리 드 라 투르를 바로 신임했다. 프로테스탄트 가문 출신인 그는 처음에는 프롱드 영주들에게 협력했으나, 1652년 왕의 남자가 되고 나서는 콩데 공작과 대적하여 외국 군대를 몰아냈다. 1601년 루이 14세는 그에게 '왕의 군대 및 야전 총사령관'이라는 직책을 예외적으로 부여했다. 견줄 이가 없던 유능한 사령관은 1667년 플랑드르 원정에서 왕의 군사 고문으로 복무했다. 드 라 투르가 1675년 알자스 살즈바흐에서 대포를 맞고 사망하자, 루이 14세는 뒤 귀슬랭처럼 생드니의 왕묘에 안장하여 그의 명예를 기렸다.

잘 훈련된 군대

1693년, 루이 14세는 직접 군대를 이끌고 전쟁에 참여했다. 작전 통수권은 군주나 귀족 등이 쥐고 있었고, 1675년부터 군단 장교들은 승진 후보자 명단에 **성직록**을 주는 권한을 가졌다. 텔리에와 그의 아들인 루부아가 국방 장관을 맡으면서 모병, 병참 기술 등을 강화하고, 총독 및 전쟁 총사령관 등을 감시할 수 있는 근대적인 군사 행정 체계를 만들었다. 당시 군인은 7만 2천 명 정도였으며, 전시에는 30만 명까지 징병할 수 있었다.

튀렌 자작은 전설적인 전쟁 영웅이자 왕의 조언자였다. 섬세한 성격의 사령관은 군단에 활력을 불어넣던 자였으나, 전장에서 포탄을 맞고 비극적으로 전사했다.

국경 방위 강화

보방 사령관은 프랑스 국경을 철통 수비하는 데 온 힘을 쓴 결과, 22살이란 젊은 나이에 요새 담당 군 기술관이 되었다. 그는 입사각이 90도에 가깝고, 파선으로 세워진 노대와 요새로 보호받는 독창적인 성을 고안했다. 130개의 요새와 30여 개의 부속 장치 건설을 진두지휘했다. 하지만 공정한 국고 운영과 세무 정책을 주장하여 국왕의 총애를 잃게 되었다.

군사 병원의 설립

루이 14세와 루부아는 수도원에서 거둬들인 돈으로 6천여 명의 퇴역 군인이 지낼 수 있는 앵발리드 병원(지금은 군사 박물관으로 쓰이며, 나폴레옹의 유해를 보관 중이다. 앵발리드는 '부상당한'이라는 뜻이다)을 지었다. 사각형의 광대한 병원은 1671년부터 건축을 시작했다. 1677년에 쥘 아르두앵 망사르는 웅장한 황금빛 돔을 자랑하는 생루이 교회를 완성했다. 전쟁에서 공을 세웠으나 무일푼이 된 군인들은 이곳에서 국가가 지급하는 비용으로 생활하며 치료받았다.

자신의 충실한 부하였던 퇴역 군인들을 위해 지은 앵발리드 병원 낙성식에 왕이 참석하고 있다. 앵발리드 병원 및 황금 돔이 유명한 생루이 교회는 왕의 선심을 보여준다.

해군의 발전

콜베르는 프랑스 해군을 강력하게 만들고자 했다. 뒤케슨과 투르빌 제독은 왕의 사나포선(전시에 적선을 나포하도록 정부의 허가를 받은 민간 무장선) 선장 장 바르와 뒤귀에트루앵의 도움을 받았다. 해군 선발을 위해 징집 대신 선원 등록으로 징병 체계를 바꾸었다. 왕실 해병은 5만 명에 달했다.
선박 제조 및 대포 주조는 새로운 해군 조선소에서 이뤄졌다. 콜베르는 리옹라포레의 너도밤나무 숲처럼 대규모 숲을 조성했다.

마르세유 해군 조선소에서 왕의 갤리선(전투용 범선)을 만들고 있다. 장인들의 뛰어난 기술은 지중해 연안 전역에 명성이 자자했다.

방어 정책

야망에 가득 찬 합스부르크 왕가가 프랑스를 위협하자, 왕은 동쪽과 북쪽의 국경 경비를 강화하는 한편 다른 이웃 나라들과 연맹을 다지며 중립국을 사들였다.

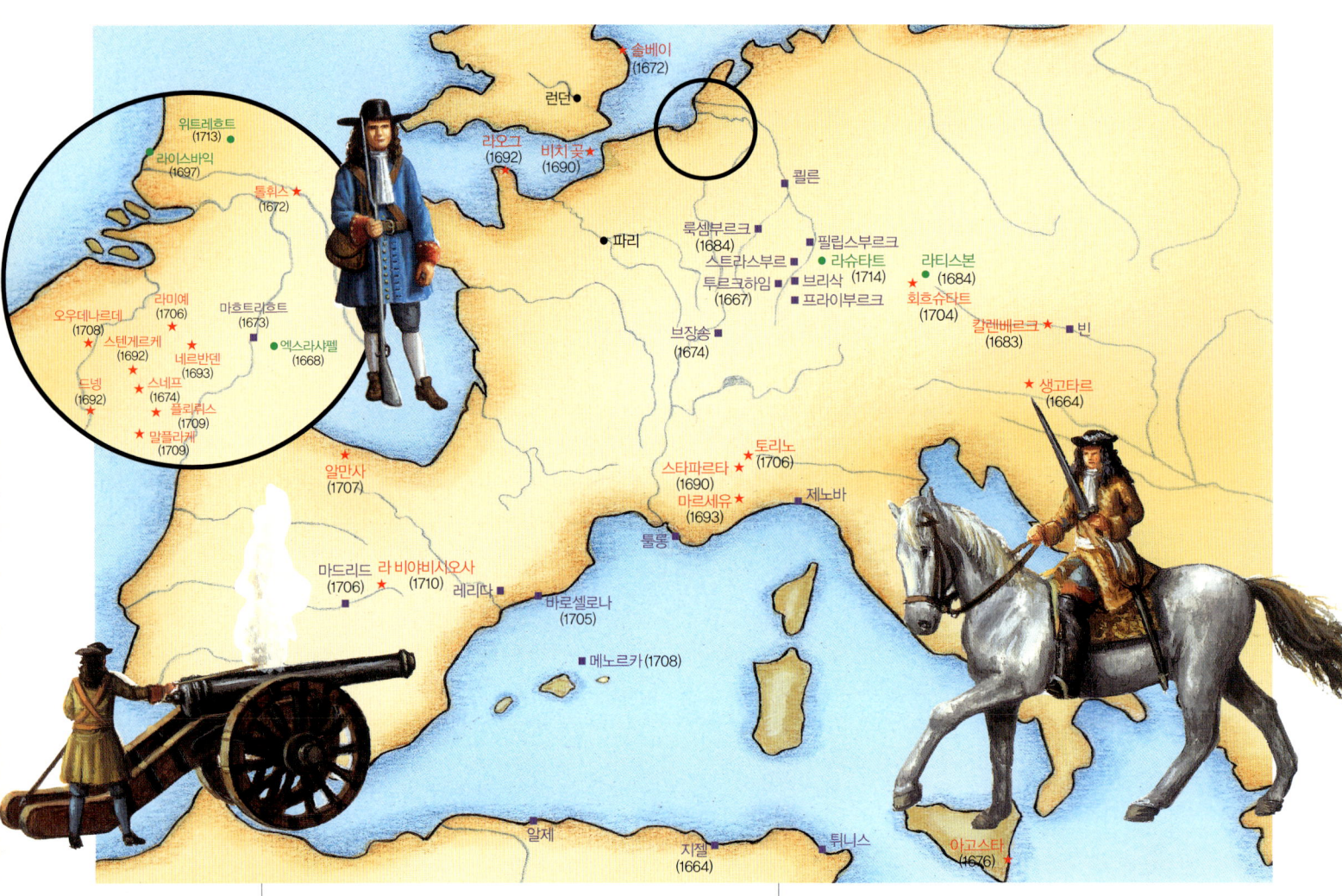

루이 14세 시대의 전쟁
- ■ 포위된 도시 (함락된 연도)
- ★ 전투
- ● 평화 조약

영토 확장

루이 14세는 마자랭에 이어 리슐리외의 대외 정책을 따랐다. 라인 강을 기준으로 자연스럽게 형성된 국경을 기점으로 에스파냐와 신성 로마 제국을 향해 영토를 확장해 나갔다. 1643년 로크루아 전투 승리, 1648년 렌 전투 승리, 1648년 베스트팔렌 조약으로 프랑스는 알자스와 메스, 툴, 베르를 획득했다. 1659년 프랑스 영토는 피레네 조약으로 에스파냐로부터 양도받은 아르투아와 루시용 지역까지 확장되었다.

귀속 전쟁

에스파냐 왕의 죽음으로 왕비의 지참금을 받지 못한 루이 14세는 1667년 '페이바 에스파뇰(에스파냐 제국의 지방 속주)'을 침략했다. 그러자 네덜란드, 영국, 스웨덴은 3국 동맹을 맺었다. 1668년 엑스라샤펠 조약을 맺어 아이노와 플랑드르를 내주는 조건으로 릴, 두아이, 샤를루아를 병합하고, 에스파냐령이던 프랑슈콩테를 수복했다.

이 포로는 네이메헌 화약(1679년)으로 패배한 국가를 대표하는 네 명의 인물 중 하나다(에스파냐, 신성 로마 제국, 브란덴부르크, 네덜란드). 조각가 데자르댕의 작품으로 프랑스 혁명 전까지 계속해서 장식을 추가했다. 파리 빅투아르 광장에 있는 루이 14세 기마상 하단 부분에 장식된 것이다.

아우구스부르크 연맹

한편 프랑스 동쪽 국경은 여전히 취약했다. 루이 14세는 연맹 정책을 실시하여, 네이메헌 화약으로 확보한 지역과 옛 봉건 세력으로 다스리던 지역을 병합했다. 1679년 비츄와 옴부르그를, 1681년에는 스트라스부르를 차지했다. 1688년 신성 로마 제국, 영국, 네덜란드, 에스파냐는 아우구스부르크 연맹을 맺어 프랑스와 맞섰다. 1697년 라이스바익 조약으로 프랑스는 알자스 남부를 얻었다. 그 가운데 스트라스부르와 샤를루아가 있었지만, 교환 대가로 병합된 주를 거의 다 돌려줘야 했다. 또 1689년 이후부터 가톨릭 신자인 스튜어트 가의 사촌들 대신 개신교 신자인 기욤 도랑주를 영국의 합법적 군주로 인정하게 되었다.

네덜란드 전쟁

선거후 게르만 신성 로마 제국 황제 선출권을 가졌던 제후들.

1684년 라티스본 휴전을 표현한 알레고리화. 루이 14세가 적들을 물리치고 영토와 신들을 얻는다는 내용이다.

1672년 봄, 루이 14세가 영국과 스웨덴의 중립 지대를 사 버리자 프랑스와 칼뱅파들의 '영방 국가(네덜란드)' 사이에 적대감이 생겼다.

프랑스의 진군을 막기 위해 네덜란드는 제방을 열어 남부 지역을 범람시킴으로써 암스테르담, 할렘, 델프트와 레이드 등을 방위했다. 그리고 독일 황제, 에스파냐 왕과 브란덴부르크(프로이센) 선거후는 네덜란드에 합류했다.

1678년과 1679년 네이메헌 화약으로 프랑스는 북쪽 국경을 강화했다. 발렌시아, 캉브레, 모뵈주를 차지하고, 결정적으로 프랑슈콩테를 획득했다. 루이 14세는 그때 '루이 르 그랑(위대한 루이)'이라는 별명을 얻게 되었다.

1672년 군대가 라인 강을 건너고 있다. 거친 강물도 불굴의 젊은 왕을 거역하지 못했다.

태양왕의 궁정

왕궁은 마치 왕을 위한 무대나 다름없었다.
수많은 가신들이 시시각각 왕을 따라다니며 떠받들었다.

궁정에서 열리는 무도회에는 아주 엄격한 규칙이 있었다. 화려한 의상은 춤추는 사람의 우아함을 더욱 돋보이게 했다.

에티켓(etiquette) 궁에서 지켜야 할 법도와 규칙을 정리한 819개의 항목.

궁인들

루이 14세의 궁정에는 백여 명의 가신들이 정기적으로 드나들었다. 왕이 이동하면 신하들은 무기와 짐을 챙겨 루브르 궁, 파리의 튈르리 궁, 뱅센의 요새 성, 생제르맹앙레 성, 퐁텐블로 등으로 왕과 함께 이동했다. 그들은 왕의 군대 시찰을 수행하기도 했다.

1682년부터 왕궁은 베르사유에 정착했다. 본 건물과 부속 시설들에는 만여 명의 수행원이 거주했다. 궁에서 거주하려면 여러 불편과 불결함이 따랐다. 궁 안에서 사는 3천 명의 궁인들은 '숙박자'라 불렸다.

베르사유와 에티켓은 공작들과 귀족들에게 '황금 우리'가 되었다. 궁인들은 왕에게 모든 것을 의존했고, 왕은 그들에게 연금과 의복 등 많은 특혜를 주었다. 궁인들은 그 덕에 생활을 꾸려 가고 가족을 부양할 수 있었다.

로마 황제의 복장을 입은 루이 14세가 1662년 왕세자의 탄생을 축하하며 카루셀 4인조 부대에게 명령을 내리고 있다.

1668년 왕실 대축제 때 베르사유 궁 무도회장에 간이로 설치된 식탁대는 당시의 사치를 짐작케 한다.

루이 14세는 젊었을 때부터 발레를 열렬히 사랑해서 궁인들 앞에서도 자주 춤을 추었다. 아폴론으로 분장한 왕이 '밤'이라는 발레를 추고 있다.

태양왕의 첫 무대

루이 14세 통치 전반기에는 대축제가 끊임없이 이어졌다. 왕은 직접 발레를 추기 위해 무대 위에 올랐다. 1662년 6월 5일과 6일, 왕세자의 탄생을 축하하기 위해 화려한 기마 공연이 루브르 궁과 튈르리 궁에서 펼쳐졌다. 루브르의 카루셀(기마 곡예, 마상 시합)은 왕의 영광 그 자체였고, 그의 사적 통치의 시작을 알렸다. 루이 14세는 "우트 비디 비시(내가 나타나는 즉시, 나는 승리한다)"라는 말을 공공연히 했고, 자신을 아폴론이라 칭하며 태양 표상을 달고 다녔다. 또 "네크 풀루리부스 임파르(그가 모든 사람 위에 군림한다)"라는 말도 자주 했다.

모든 이를 위한 축제

베르사유는 1664년 5월 한 달 동안 '매혹적인 섬의 쾌락'이라는 행사를 벌였다. 600여 명의 궁인들, 관객들과 배우들은 일주일 내내 오락과 여흥을 펼쳤다. 1668년 7월, 왕실 대축제가 야외 공원에서도 펼쳐졌다. 3천여 명의 관객들이 모여서 '그랑 카날(대운하)' 호수에 미니어처 함선들을 띄웠고, 화려한 불꽃놀이가 펼쳐졌다. 교회의 비난에도 불구하고 루이 14세는 배우들, 특히 몰리에르를 보호하고 지원했다. 1664년 궁에서 처음으로 몰리에르의 「위선자」와 「사기꾼」이 상연되었다. 1673년 륄리가 쓴 프랑스 최초의 오페라 「카드무스와 에르미오네」도 무대에 올랐다.

화려한 영접

통치 후반기, 루이 14세는 이웃 나라 손님들을 위한 대연회를 끊임없이 베풀었다. 매주 발레와 콘서트, 연극 공연이 펼쳐졌다. 이웃 군주들과 외국 대사들을 호화롭고 성대한 축제와 무도회에 초청하여 프랑스의 위세와 명예를 과시하였다. 관련한 수많은 전문 직업인들이 '오락거리(Menus-Plaisirs)'라는 집행부 아래 조직되어 있었다. 이들은 공연과 행사가 끝나면 공연 소품과 건축 장식물들에 관한 기록을 정리하고 자료를 보존하는 일을 맡기도 했다.

루이 14세는 1715년 베르사유 궁 거울의 방에서 페르시아 대사인 메헤메트 리자베이를 초청하여 화려한 축제와 무도회를 베풀었다.

왕의 하루

왕의 하루는 에티켓에 따라 그대로 시행되었다. 이런 의식적 절차는 왕이라는 인물을 신성하게 여기도록 만들었다. 왕의 사생활은 모두 공개적으로 펼쳐졌다.

루이 14세가 루브르 궁 내실에서 13개 지역 파견 관료들을 순서대로 맞고 있다(1663년).
이날은 유럽 전역의 병사 공급국인 스위스와 프랑스 간의 동맹 조약을 갱신하는 날이었다. 스위스 부대는 르네상스 시절 이후부터 프랑스 국왕의 친위를 맡아 왔다.

용무 의자 변기를 뜻한다.

기상

오전 8시가 되면 내실 시종관, 의사, 미용 담당이 입실하여 왕의 기상과 단장을 도왔다. 8시 15분 소(小)기상에는 왕실 가족이나 대신들만 알현이 가능했다. 내실 제1시종관이 수반에 물을 가져오고, 짧은 기도 후에 면도를 시켰다. 면도는 이틀에 한 번 했다. 8시 30분은 대(大)기상으로 왕의 측근들인 대공작들이 와서 알현하고, 왕은 용무 의자에서 신하들을 맞았다. 온몸에는 향기 나는 물을 바르고 옷을 일부만 입은 상태에서 뜨거운 물이나 샐비어 물을 마신 뒤, 의복을 마저 입었다. 넥타이는 항상 본인이 직접 맸다.

아침 업무

9시 30분, 왕은 회의 내실에서 면담을 하고, 거울의 방을 비롯한 궁정의 여러 거실들을 지나 미사를 드리러 샤펠(예배당)로 갔는데, 미사는 10시에 시작되었다. 11시가 되면 왕은 회의를 주재했는데, 요일마다 다른 회의가 열렸다. 국가최고회의(내무부와 외무부의 굵직한 사안들)는 일요일과 목요일, 공문 업무(내무부 부서일)는 월요일, 수요일과 토요일은 재정부, 그리고 마지막으로 금요일에는 종교 업무를 처리했다.

루이 14세는 마를리 궁에 사적으로 머물며 아주 친한 측근들과 함께 당구를 쳤다. 왕은 당구를 아주 좋아했다.

성대한 점심 식사

오후 1시에 점심 혹은 사적인 식사가 있다. 루이 14세는 자신의 방 식탁에 앉아 혼자서 식사를 하곤 했다. 한 번의 식사에도 대시종관이 세 번에 걸쳐 음식을 나르는데, 고기, 생선, 채소, 디저트 등이 나왔다. 국왕은 부르고뉴 포도주를 물에 타서 마셨다. 왕은 왕성한 식욕을 자랑하며, 제대로 씹지도 않고 삼켰다.

이 판화는 루이 14세가 파리를 방문했을 때 시 관저에서 궁인들과 함께 식사하는 모습이다.

오후는 야외에서

오후 2시에는 왕궁의 정원을 거닐거나 건설 중인 작업 현장을 방문했다. 몇몇 신하만 대동한 채 사냥을 하기도 했다. 나이가 들면서부터는 마차를 타고 사냥단을 좇기도 했다. 왕은 내실 살롱에서 함께 지낼 만큼 애지중지하는 사냥개들을 몇 마리나 길렀다.

디안과 블롱드는 루이 14세가 매우 아꼈던 사냥개들이다. 왕실 그림에 자주 등장했다.

저녁 여흥

오후 5시에는 측근과 지인 및 몇몇 면회객 들을 받았다. 가끔은 군사 문제나 건설 등과 관련된, '라스(묶음)'라 불린 회의를 하기도 했다. 오후 7시(월, 수, 목요일)에는 내실 거실에서 당구, 카드, 춤, 연극, 발레 등의 여흥을 즐기는 시간이 있었다.

밤 10시에는 왕이나 왕비의 부속 대기실에서 저녁 식사를 했다. 음악이 곁들여진 가운데 가족, 궁인 들이 모여 풍성한 식사를 했다.

밤 11시에는 대취침과 소취침 의식이 아침 기상과 반대 순서로 진행되었다. 마지막으로 근위병이 암호를 받으면 그날의 일정은 끝이 났다. 왕은 아침까지 자기 방에서 머무르며 취침했다.

사랑에 빠진 왕

감히 어떤 여자가 왕의 유혹을 뿌리칠까? 루이 14세에게는 연인이 많았고, 혼외정사로 낳은 자식들도 많았다. 심지어 비밀 결혼을 하기도 했다.

프랑스와 에스파냐 사이의 피레네 평화 조약으로 치러진 루이 14세와 마리 테레즈 도트리슈의 결혼을 그린 알레고리화.

정식 결혼

루이 14세는 게르만계 사촌이자 에스파냐 왕의 딸이었던 마리 테레즈와 결혼했다(1660년). 그것은 평화 조약에 따른 정략결혼이었다. 정식 아내는 왕의 마음을 별로 얻지 못했다. 왕은 왕비의 아둔한 머리에 너무 빨리 질려 버렸다.

그녀는 왕에게 여섯 명의 자녀를 낳아 주었지만, 첫 왕세자는 어린 나이에 죽었다. 1683년 아들이 죽자 루이 14세는 지금껏 한 번도 겪어보지 못한 유일한 슬픔이라고 말하며 눈물을 흘렸다.

발리에르의 아름다운 눈

1661년부터 루이 14세는 루이즈 드 라 봄 르 블랑에게 빠졌다. 이 여인은 절름발이였으나 눈이 매우 아름다웠다. 1671년 왕은 그녀에게 라 발리에르 공작 부인이라는 작위를 내렸다. 그러나 이것은 일종의 결별 선물이었다. 1674년 그녀는 카르멜 수도원에 칩거하여, 이후 36년을 그곳에서 살았다.

1665년 경 루이 14세 초상화. 왕으로서의 근엄을 보여 주는 동시에 묘한 웃음을 띠고 있다.

첫사랑

루이 14세는 어머니의 시녀에게서 처음으로 사랑을 배웠다. 그 여인은 애꾸눈이었으나 예술에 상당한 조예가 있었다.

왕의 위대한 첫사랑은 마리 만시니였다. 그녀는 마자랭 추기경의 다섯 조카 중 한 명이었다. 루이는 이 아가씨에게 청혼까지 했으나, 마자랭이 기민하게 조카를 왕에게서 떨어뜨려 놓았다. 하지만 삼촌의 우려에도 불구하고 마리 만시니는 격정적인 삶을 살았고 비극적인 최후를 맞았다.

라 발리에르 공작 부인은 왕에게 사랑으로 낳은 자식을 주었다. 하지만 그 마음은 계속되지 않았다. 몇 년간의 관계가 끝난 후, 그녀는 수도원에 30년 이상 은둔하며 여생을 마쳤다.

화려한 내실에서 왕과 나눈 사랑의 결실을 과시하고 있는 몽테스팡 후작 부인.

신앙심이 매우 깊었던 맹트농

가난한 개신교 가정에서 태어난 프랑수아즈 도비네는 기이한 삶을 살았다. 15살에 가톨릭으로 개종하였고, 시인 스카롱의 과부였던 그녀는 1669년에 몽테스팡 후작 부인의 자식들을 키우기 위해 왕실에 들어왔다. 그녀는 뛰어난 지성으로 왕의 마음을 사로잡았다. 늘 경청하는 조언자였던 그녀는 왕의 영혼을 구제했고, 왕은 그녀에게 헌신했다. 왕은 그녀에게 맹트농 후작 부인이라는 작위를 내렸다. 실질적인 왕의 정부(情婦)로, 왕은 비밀리에 그녀와 결혼하였다(1683년). 당시에 왕궁은 가장 위엄을 갖춘 시기였고, 파리는 사치와 부패로 가득했다. 1686년 후작 부인은 생시르에 가난한 어린 여자아이들을 교육할 학교를 세웠다.

풍탕주 공작 부인인 마리 앙젤리크는 왕의 자식을 낳다가 죽었다.

왕의 마음을 사로잡은 몽테스팡

루이 14세는 몽테스팡 후작 부인을 보자마자 사랑에 빠졌다. 그녀의 총명한 머리와 사랑의 기술은 왕의 마음을 사로잡고도 남았다. 왕은 그녀를 위해 베르사유에서 멀지 않은 곳에 클라니라는 화려한 성을 지었다. 몇 년 후, 그녀가 왕의 총애를 잃자 왕은 그 성을 허물라고 명령했다. 그녀가 독살 사건에 개입된 것을 왕이 알았기 때문이다. 귀족 부인들은 마법 의식을 거행하며 다양한 독약을 제조했다. 이어 미래의 퐁탕주 공작 부인인 마리 앙젤리크가 그녀를 대신해 왕의 마음을 차지하지만 그녀도 아이를 낳다 죽었다.

맹트농 후작 부인은 보이지 않는 곳에서 왕에게 영향을 미쳤다. 그녀는 가난한 여자아이들의 교육을 위해 생시르에 학교를 짓는 데 열정을 쏟았다. 풍경화 뒤편에 그려진 건물이 바로 그 학교다.

왕과 그 가족들

왕은 유럽 대륙에서 프랑스의 위상을 높이기 위해 가족을 이용했다.
사촌들과의 경쟁을 활용하는가 하면, 혼외정사로 태어난 자식들에게 작위를 주어 활용했다.

사랑받지 못한 '무슈'

필립, 이른바 '무슈('~씨'라는 뜻)'라 불린 루이 14세의 동생 당주 공작(오를레앙 공작이기도 함)은 막대한 재산을 소유한 부자였다. 그는 왕의 곁을 떠나 생클루 성에 가서 자신의 권력을 누렸다.

그는 아름다운 모사꾼인 앙리에트 당글르테르와 첫 결혼을 했다. 이어 두 번째 결혼은 '팔라틴 공주'라 불린 엘리자베트 샤를로트 드 바비에르와 했다. 강한 성격을 가진 팔라틴 공주는 베르사유 궁을 혐오하여, 가족들에게 보내는 서신에서 베르사유를 아주 신랄하게 비판했다.

바이에른 출신의 아내와 세 자식들이 함께한 왕세자의 초상화. 가족의 행복이 묻어 나온다. 화가는 두 세대에 걸친 왕실 모델들의 자연스러운 포즈를 통해 루이 14세와 그 아들의 불화를 우의적으로 표현한 듯하다.

팔라틴 공주는 남편 필립 오를레앙 공작을 무시했지만, 루이 14세는 우상처럼 존경했다. 그녀는 독일에 있는 가족에게 베르사유 궁을 자세히 묘사한 편지를 보낸 것으로 유명하다.

아들과의 불화

왕비가 낳은 두 왕자 중 살아남은 아들(마리 테레즈와의 사이에서 낳은 루이 드 프랑스)이 왕세자가 되었다. 왕세자는 모의 주교인 베니뉴 보쉬에를 스승으로 삼았다.

국왕은 왕국의 일을 의논할 때에는 왕세자를 옆에 두었지만, 그의 강한 성격은 늘 아들을 짓눌렀다. 아버지에 대한 반항으로 왕세자는 음식과 사냥에 막대한 돈을 쓰고, 또한 전쟁에 신중하지 못하게 대처했다. 그리고 아버지와는 달리 파리를 자주 방문해 백성들의 인기를 얻는 것을 즐겼다.

예술 애호가이자 수집가였던 왕세자는 1706년부터 쥘 아르두앙 망사르를 시켜 뇌프 드 뫼동 성을 짓게 했다. 정부인 마드무아젤 쇼앵과 함께 살기 위한 궁전이었다.

오를레앙 공작은 결핍감을 채우기 위해 사치와 쾌락에 빠졌다.

부르고뉴 공작은 할아버지 루이 14세의 뒤를 계승하는 힘든 과제를 맡았다. 하지만 갑작스러운 병으로 왕세자가 젊어서 죽자, 유일한 적통 승계자인 루이 15세는 너무나 어린 나이에(다섯 살)에 직무를 수행해야 했다. 그래서 필립 오를레앙 공작(루이 14세의 조카)이 어린 루이 15세를 대신해 섭정을 하게 된다.

레장(Regent) 섭정이라는 뜻인데, 필립 오를레앙 공작의 별칭이기도 하다.

루이 14세와 가까운 가족들이 신화의 신들처럼 그려졌다. 1670년 무렵의 작품이다.

왕자들

왕세자는 아내 마리안 바비에르에게서 세 아들을 얻었다. 장남의 스승이자 캉브레의 주교였던 프랑수아 드 살리냑 드 라 모트는 7살 제자를 위해 『텔레마코스의 모험』을 썼다. 이 소설은 훗날 개혁 의지를 다지는 데 있어 왕세손의 정치 교육에 기여한 셈이다.

1711년 아버지 루이 드 프랑스가 사망하자, 아들 루이(부르고뉴 공작)는 왕세자의 자리를 이어받았다. 그는 훗날 루이 15세의 아버지다. 동생 필립(당주 공작)은 1700년에 펠리페 5세로 스페인 왕이 되었고, 막내 샤를(베리 공작)은 후손 없이 1714년에 사망했다.

적자들

1711년 왕세자가 죽자, 혼외정사로 태어난 서자들이 적자로서 인정받게 되었다. 라 발리에르 부인의 4명의 자식들은 단 둘만 성인이 되었다. 몽테스팡 부인의 여섯 자식 가운데 둘은 어려서 죽고, 다른 아이들은 각각 마인 공작, 벡생 공작, 낭트 양, 투르 양, 툴루즈 백작이 되었다.

왕은 적통 왕자들과 서녀들을 결혼시켜 왕실의 위상을 높였다. 성질이 드센 팔라틴 공주는 훗날 레장이 되는 아들의 뺨을 남들이 보는 앞에서 때리기까지 하며 서녀와 결혼할 것을 강요했다. 팔라틴 공주의 아들은 그녀의 남편인 필립 당주와 이름이 같았다.

건축왕

루이 14세는 죽음에 가까워져서야 건축을 너무 사랑했던 것을 후회한다고 고백했다.
그는 궁전 건축에 어마어마한 예산을 지출하여 많은 비판을 받았다.

루브르의 아폴론 갤러리는 왕의 영광을 기리기 위한 것으로, 이탈리아 바로크 예술에서 영감을 받았다. 천장에 칠한 회반죽과 거기 그려진 그림은 프랑스 고전주의의 흔적이다.

이탈리아식 객석 말굽 모양, 즉 U자형 객석 형태.

루브르 원주 작업장에 승강기가 설치되는 등 혁신적인 건축 기술이 이용되었다.

튈르리

1659년과 1662년 튈르리 궁에는 그전까지 프랑스에 한 번도 건축된 적 없는 오페라 극장이 들어섰다. 극장은 이탈리아식 객석으로 가스파레 비가리니라는 이탈리아 전문가가 착안한 무대 장치가 설치되었다. 1664년부터 1668년까지 튈르리 궁을 진정한 왕실 거주지로 만들기 위해 콜베르는 건물 전면을 변경하고 저택 내부 장식을 더욱 화려하게 꾸몄다. 실내 장식은 1671년에서야 끝이 났다.

루브르

루이 14세는 루브르 개조 공사를 명했다. 건축가 루이 르 보는 카레 궁의 남쪽 날개를 완성했고, 작은 갤러리를 2배로 확대했다. 1663년부터 화가 샤를 르 브룅은 아폴론 갤러리를 정비했다. 화장 회반죽을 칠한 화려한 천장 각 부분에 왕을 모델로 신화를 그려넣었다. 1664년 콜베르는 카레 궁의 동쪽 날개 부분을 멋지게 고쳐줄 사람을 구한다. 유명한 이탈리아 건축가이자 조각가였던 베르냉의 제안은 너무 바로크적이라 포기하고, 대신 저명한 작가인 콩트의 형이었던 클로드 페로의 안이 선택되었다. 궁의 원주는 봉과 철로 된 이음보 등을 이용해 새롭게 바뀌었다.

마를리

루이 14세는 마를리 궁에서 가족, 몇몇 특별한 손님들과 함께 휴식을 취했다. 1679년부터 쥘 아르두앵 망사르는 13개의 빌라를 짓고 눈속임 그림을 그려 넣었다. 태양을 상징하는 왕의 빌라와 나머지 12개 빌라가 태양 황도처럼 도열해 있다. 공원에는 기계 장치의 도움을 받아 움직이는 폭포와 주랑들, 작은 숲도 조성되어 있었다. 야외에 세워져 있던 아름다운 조각상, 예를 들어 뒷발로 선 말과 날개 달린 말 조각상들은 오늘날 루브르 박물관으로 옮겨졌다.

주랑(colonnade) 열주(列柱), 주랑(柱廊).
지붕을 떠받치도록 일렬로 세운 돌기둥.

마를리 궁에서 내려다본 전망. 루이 14세는 자신의 화려한 거처를 즐기며 쉬었다. 왕은 자기 처소를 아름답게 꾸미는 데 있어 아주 사소한 것까지 원하는 대로 하고 싶어 했다.

사냥 별장

왕은 뱅센에 '왕과 왕비의 빌라'라는 2개의 커다란 석조 건물을 짓게 했다. 작업은 1658년에 완성되었다. 내부는 루이 르 보의 지휘 아래 장식되었다. 1660년에는 결혼식 후 파리로 돌아온 왕실의 신혼부부가 하객을 맞아 연회를 베푸는 장소로 사용되기도 했다. 왕은 퐁텐블로에서 했던 것처럼 뱅센에서도 궁인들, 시종 수행원들과 함께 사냥을 했다. 퐁텐블로 궁은 섭정 때 다시 꾸며졌다. 생제르맹에 위치한 전대미문의 화려한 저택 내실은 거울들로 장식되었다.

왕세자의 탄생을 축하하기 위한 화려한 카루셀(기마 공연). 왕과 왕세자들이 의복을 갖춰 입고 튈르리 궁 뜰에서 벌어진 행렬에 참여하고 있다.

성장을 한 루이 14세가 자신의 치업을 자랑하듯 지도를 가리키고 있다. 발 아래 반석은 수세기에 걸친 그의 굳건한 통치력을 표현하는 듯하다.

베르사유 궁

루이 14세는 프롱드의 난 때 어머니 안 도트리슈 대왕 대비와 함께 도망가 있어야 했던 파리를 싫어했다. 그래서 파리 외곽에 위치한 베르사유에 유럽에서 가장 화려한 궁을 지었다.

1668년경의 베르사유 궁과 공원. 이곳이 권력의 중심이 되자 한층 더 웅장하고 화려해졌다.

끊임없는 공사

루이 14세는 아버지가 사냥 별장으로 썼던 작은 성을 좋아했다. 하얀 돌과 붉은 벽돌, 그리고 아르두아즈의 청기와로 지어진 베르사유는 '카드 성'이라 불렸다. 지내다 보니 너무 협소해져 1668년부터 1673년까지 루이 르 보와 프랑수아 도르베의 지휘 아래 아무런 장식이 없던 앞면을 단장하고, 돌과 판판한 지붕을 얹어 3층씩 높였다. 1676년부터는 거울의 방을 만들기 위해 정원을 향해 나 있던 큰 테라스를 없앴다. 1678년과 1689년 사이 쥘 아르두앙 망사르는 남쪽과 북쪽 날개 부분을 증축해서 성의 크기를 3배나 늘렸다.

대접견실과 내실

성의 내부 장식은 태양 신화에서 영감을 받았다. 가령, 대접견실에 들어가는 화려하고 거대한 살롱은 올림포스의 주요 신들에게 바쳐진 곳이다. 그림, 대리석 조각상, 고급 가구, 고대 조각상 들로 장식하여 외빈들을 맞는 축제와 연회 장소로 사용했다. 루이 14세는 피에르 미냐르를 시켜 과시하기 위한 공간 뒤쪽으로 내밀한 소실을 만들어, 유럽 그 어디에서도 볼 수 없는 아름다운 수집품들(메달, 금은세공품, 고급 장서, 판화 등)을 갖다 놓았다.

거울의 방은 대리석과 금빛 구리로 이뤄진 장식 예술의 걸작이다. 거울은 매우 크고 화려하며, 천장회화 역시 왕의 무훈을 찬양하는 그림들로 눈부신 색감을 자랑한다.

왕의 명예를 위하여

가로 10.5m, 세로 73m, 높이 12.3m의 거울의 방은 베르사유에서 가장 화려한 곳이다. 건축은 1676년에 시작되어 1684년에서야 끝났다. 대리석 벽 안에 조각 장식품이 들어섰고, 샤를 르 브룅이 천장화를 그렸다. 루이 14세의 통치가 시작되고 20여 년 동안 이룩한 모든 과업을 표현한 알레고리화가 눈에 잡힐 듯 생생하며, 휘황찬란한 금빛으로 장식을 단장했다.

베르사유 궁의 앞마당에서부터 거위 발처럼 뻗어있는 대로가 보인다. 그 사이에 마사들이 있다.

베르사유 궁 주변

화려한 안장과 줄로 묶인 왕실 말들을 비롯해 사륜마차들을 관리할 수 있는 대마사(大馬舍)와 소(小)마사가 1679년과 1685년 사이 무기 광장에 지어졌다. 또 1682년과 1684년에는 궁정 생활에 꼭 필요한 왕실 수라간과 저장고, 하인들이 생활할 수 있는 시설 및 그 외 필요한 공동 시설 들이 들어섰다.

베르사유의 예배당은 왕의 독실한 신앙에 비해 매우 소박해 보인다. 왕은 매일 미사에 참석했다.

신의 영광을 위하여

베르사유는 1699년부터 진정한 예배당(샤펠)을 갖추었다. 쥘 아르두앵 망사르와 그의 처남인 로베르 드 코트가 작업을 맡았다. 고상함과 섬세함이 돋보이는 걸작이다.

왕의 정원

루이 14세는 정원 산책을 매우 좋아했다.
또한 왕실 정원에 희귀한 꽃들을 열정적으로 수집했다.

열정 넘치는 애호가

루이 14세는 파리 튈르리 궁의 정원을 대중에게 공개했고, 지금의 '자르댕 데 플랑트(식물원)'와 희귀한 식물이 가득한 왕실 정원을 만들었다.
1683년 장바티스트 라 캥티니는 직접 재배하는 실험적 농장을 만들었다. 그 농장은 베르사유의 스위스식 정원 호수에서 물을 끌어오고, 왕실 마사에서 만들어지는 풍부한 거름을 이용할 수 있도록 설계했다.

정원의 장인

정원사 가문의 후손인 앙드레 르 노트르는 처음에는 보르비콩트의 푸케한테 고용되어 일했다. 그는 튈르리 정원과 샹젤리제의 대로를 정비했다. 화단과 분수, 끝없이 펼쳐지는 전망의 전문가였던 그는 베르사유 정원, 퐁텐블로, 생제르맹앙레, 샹티이, 소, 생클루와 뫼동, 쉬브쥐게 등 파리와 파리 근교의 대표적인 공원을 조성했다.
루이 14세의 총애를 받던 그가 어느 날 왕의 두 뺨 위에 키스하자 궁에서는 스캔들이 났다. 왕은 르 노트르에게 귀족 작위와 양배추로 장식된 3개의 달팽이 모양의 문장(가문의 상징은 문양을 나타낸 문양)을 내렸다.

개선문에서 내려다본 작은 숲 풍경. 궁의 야외 축제 때에도 정원사들과 석조 건축가들은 실력을 유감없이 발휘했다.

오랑주(오렌지나무) 정원. 궁륭이 '정오 화단' 일부를 받치고 있다. 100개의 이중 계단이 베르사유 궁의 남쪽 정면을 더욱 고상하게 만들어 주었다.

위대한 건축 기술

마를리에서의 공사는 훨씬 복잡했다. 물은 센 강에서 끌어올 수 있었지만, 하루에 5,000m³의 물을 높이가 150m 이상인 곳으로 어떻게 끌어오느냐가 문제였다. 그래서 당시 사람들이 세계 8대 미스터리라 불렀던, 12m 지름의 바퀴가 14개 달린 거대한 기계가 고안되었다. 그 기계 장치가 설치된 덕분에 대규모의 고가 수로와 저수지도 들어설 수 있었다.

앙드레 르 노트르의 초상화. 그는 이른바 '프랑스식 정원'을 만들어 자연을 지배했다. 무한한 권력을 상징하듯 끝없이 펼쳐지는 전망을 확보하고, 호수와 연못을 두루 배치했다. 또한 수많은 조각상들을 도열시켜 경이로운 또 하나의 우주를 만들어 냈다.

베르사유의 성공

1680년 앙드레 르 노트르는 이른바 '프랑스식 정원'이라는 걸작을 베르사유에서 실현했다. 화단의 구도와 모양을 계획하고, 전망을 확대하고, 그랑 카날(대운하)을 파고, 스위스식 분수를 만들고, 사냥을 위해 벽을 둘렀다. 왕은 가끔 거기서 낚시를 하기도 했다. 베르사유는 전체 면적이 6,070ha에 이르고, 그중 10ha가 정원이다. 트리아농 정원에 색과 향이 다른 온갖 종류의 꽃들을 심어, 꽃들이 생생한 매력을 잃지 않도록 매일 관리했다.

거대한 수로

1680년대에 거대한 수로가 설치되었다. 저수조와 베르사유 분수에 댈 어마어마한 물이 필요해지자, 베르사유 궁 남서쪽 언덕에 면적이 1,500ha나 되는 빗물 받아 놓는 시설을 만들었다. 이곳에는 25개의 연못과 저수지, 140km에 이르는 도랑, 34km에 이르는 수도 등이 빽빽하게 들어섰다.

마를리에 설치된 어마어마한 기계 장치는 기술력의 쾌거를 보여주었다. 이로 인해 자연은 왕의 욕망에 굴복하게 됐다.

권력에 무릎 꿇은 예술

왕실의 위엄에 대한 순종은 회화와 조각이라는 중재를 통해 특별한 방식으로 이루어졌다.
위대한 프랑스 고전주의는 이렇게 탄생했다.

역동적인 메세나

루이 14세는 프랑스를 유럽 문명의 중심지로 만들고 싶어 했다. 그는 메세나 정책을 실시하여 수많은 예술 작품을 주문했다.

왕 처소의 총감은 예술부 장관직을 아울러 수행했다. 콜베르, 루부아, 망사르가 역대 총감직을 맡았다. 이들은 건축 및 왕실 수집품을 위한 재정을 뒷받침하기 위해 중요한 예산을 집행했다. 외국인을 포함해 예술가들과 문인들, 그리고 과학자들에게 연금을 주었다.

아카데미의 발전

왕의 문화적, 예술적 메세나는 아카데미 창설로 이어졌다. 1663년에는 비문과 문학, 1664년에는 회화와 조각, 1666년에는 과학, 1671년에는 건축, 1672년에는 음악 아카데미를 창설했다. 각 분야 전문가들이 연구하고 공부하는 기관이 왕실 산하에 생긴 것이다. 이탈리아에는 특별히 프랑스 예술가들을 양성하는 기관을 세웠다. 1666년 콜베르가 로마에 세운 프랑스 아카데미가 바로 그것이었다.

메세나(mecenat) 정책 문화·예술에 대해 자금이나 시설을 지원하는 정책.

루이 14세의 초상화 중 가장 유명한 초상화다. 중년의 왕이 위엄 있게 성장을 하고 있다. 손자인 에스파냐의 젊은 펠리페 왕에게 보내질 예정이었지만, 결국 베르사유에 보관되었다. 이 초상화는 대단한 성공을 거둬 여러 모사화가 제작되었다.

최초의 궁정 화가 샤를 르 브룅

화가 샤를 르 브룅은 루이 14세 시대의 예술 양식을 확립했다. 대표작은 역시나 베르사유 궁의 거울의 방이다. 그는 처음에는 푸케 밑에서 복무하다 고블랭 매뉴팩처의 장이 되었다. 그가 모델과 모형을 주면 그것에 따라 태피스트리가 짜여졌다. 궁정 화가라는 칭호와 작위를 받았으며, 왕실의 장식 업무를 담당하는 총감독관이었다. 그의 아틀리에에는 신화나 전투 장면들을 그린 역사화, 초상화 등이 가득했다.

이 시대 회화사에 이름을 날린 위대한 화가들로는 뛰어난 색채 화가 피에르 미냐르, 예리한 초상화가 이아생트 리고, 전투화에 뛰어난 반 데르 묄렌, 그리고 종교화로 유명한 장바티스트 주브네 등이 있다.

궁정 화가였던 샤를 르 브룅은 스스로를 '예술의 왕'이라 생각했다. 자신이 그린 그림과 그가 표현한 상징적 오브제들과 함께 있다.

왕은 예술과 과학의 보호자였다. 루이 14세 의 초상화가 정물화의 오브제 사이에 놓여 있다.

앙투안 쿠아즈보의 「페가수스를 탄 헤르메스」는 마를리의 말들에게 물을 먹이는 곳에 장식되어 있다가 튈르리 정원으로 옮겨졌다.

불멸의 조각

왕과 그 주변인들의 초상은 중요한 작업이었다. 흉상, 조각상 혹은 기마상, 부조 등으로 군주권의 영광을 기렸다. 왕실 저택 공원에는 신화 속 인물의 조각상과 장바티스트 튀비, 에티엔 르 옹그르 등이 대리석이나 납으로 만든 고대 영웅 조각상들이 아름답게 장식되었다. 1671년부터 1682년까지 피에르 퓌제는 「크로토네의 밀론」을 조각했는데, 루이 14세는 그 작품을 베르사유 궁 입구에 놓게 했다. 왕비는 조각상을 보며 이렇게 말했다고 한다. "불쌍한 남자, 얼마나 고통스러웠을까!"

「크로토네의 밀론」은 피에르 퓌제의 걸작이다. 루이 14세는 표현력이 뛰어난 이 작품을 아주 좋아했다. 밀론은 고대 그리스의 뛰어난 운동선수로 올림픽에서 여러 차례 우승했으나 비참한 죽음을 맞았다. 그는 어느 날 길을 지나다 우연히 발견한 갈라진 떡갈나무 틈 사이에 끼었고, 결국 거기서 빠져나오지 못해 사자(혹은 늑대)에게 물어뜯겨 죽었다. 조각은 이 장면을 표현한 것이다.

수집왕

아름다움에 대한 열정이 컸던 루이 14세는 예술 작품에 대한 심미안이 높았다.
그가 구입한 작품들은 오늘날 프랑스의 주요 수집품이 되었다.

니콜라 푸생이 그리스 아르카디아 지방 목동들의 일화를 그린 그림이다. 한 시인이 무덤에 새겨진 비문을 읽고 있다. 지상 낙원이라 생각되던 그곳에도 죽음은 있었다.

루이 14세의 옆모습을 새긴 주화.

그림 애호가

수많은 총감, 대사, 상인 들은 그림에 대한 루이 14세의 꺼질 줄 모르는 관심을 만족시켜야 했다. 많은 예술 작품들이 왕에게 외교 선물로 제공되거나 혹은 개인들에 의해 유증되었다. 은행가 자바흐는 소장품 전부를 다 내놓기도 했다. 이탈리아 장인들의 작품, 라파엘로, 귀도 레니, 안니발레 카라치의 작품들이 왕실 수집품의 중심을 차지했다. 왕은 네덜란드의 렘브란트, 프랑스의 니콜라 푸생의 작품을 좋아했고, 르네상스 시절의 이탈리아, 독일이나 플랑드르 화풍의 데생 작품도 대단히 좋아했다. 또한 페르시아 필사본과 중국 판화도 소장했다.

고대 로마 시대에 대한 존경

로마 제국은 17세기 교양인의 눈에도 가장 완성된 문명으로 비쳤다. 루이 14세는 지라르동 같은 당시의 위대한 예술가들에게 부탁해 손상된 고대 조각상들을 보수했다. 튈르리, 베르사유, 마를리의 살롱뿐만 아니라 왕실 정원에도 여신과 영웅 조각상들을 장식했다. 이런 조각상들은 아카데미 학생들에게 깊은 영감을 주었다.

루이 14세는 고대 조각품들을 수집했다. 1세기 고대 로마 시대에 만들어진 이 작품은 사슴을 사냥하는 아르테미스로, '베르사유의 아르테미스'라 불린다. 프랑스 혁명 전까지 거울의 방에 놓여 있었다.

화려한 가구

루이 14세의 통치 시절 예술품 중 가장 대표적인 것은 앙드레샤를 불의 고급 가구일 것이다. 1672년 콜베르는 파리의 최고 장인이라며 불을 왕에게 추천했다. 불은 최초로 장인 칙허를 받은 예술가다. 그는 단순한 가구 제조공이 아니라 건축가이자 화가이며, 모자이크 조각가, 상감 세공사, 숫자 발명가였다.

그는 특히 쪽매붙임 세공과 상감 기술의 경지를 보여주었다. 흑단나무판에 상감된 화려한 편린과 금과 구리를 이용한 모티프 등으로 책상, 의자, 화장대 등 세련된 예술품들을 많이 만들었다.

당시 유럽 왕들의 전형적인 취향을 잘 보여주는 갈색 옥수 장식품. 루이 14세는 루비 받침대에 고대 모티프를 올리게 했다.

내실 국왕의 전용 라운지.

수많은 금은 세공품

루이 14세는 내실에 아름다운 화병과 석영, 갈색 옥수, 비취 잔에 진주와 루비 등이 상감된 온갖 오브제들을 모았다. 주화와 고대 역사의 장면들을 묘사한 돌새김 장식도 수집했다. 보석이나 귀금속에서도 바로크 취향이 느껴진다. 이것은 한마디로 '덕성의 오브제'였다.

왕이 수집한 오브제들 중에는 금은 식기류, 은으로 만든 가구 등도 많았다. 하지만 1689년 전쟁 비용을 대기 위해 주화 제조창에 많은 금은 세공품들을 보내야 했다.

흑단에 섬세하고 얇은 편린을 박고, 금빛 청동에 놋쇠 등을 부착한 왕실 가구. 불은 세련된 장식을 선호했다. 그의 고상함은 화려한 루이 14세 왕궁과 잘 어울렸다.

교양인

17세기에는 종교적 기준을 초월해, 바르고 정직하고 예의 바른 인간을 존중했다.
이런 사유는 정신의 고양과 함께 문학과 예술, 그리고 학문을 꽃피웠다.

당시에는 실내악이 유행했다. 부유한 귀족층에서는 마치 궁정에서처럼 사적인 음악 모임을 가졌다.

몰리에르(1622년~1673년)의 작품은 세기를 뛰어넘는다. 루이 14세 시대를 풍자한 작품은 오늘날 인간 사회의 결점까지 여실히 드러낸다.

문학이 꽃피다

루이 14세의 통치 시절 프랑스에서는 빼어난 작가, 철학가, 사상가가 많이 배출되었다. 아이러니하게도 태양왕의 절대 권력에 대한 냉소와 절망으로부터 심오한 문학과 사상이 탄생한 것이다.

블레즈 파스칼은 『팡세』를 통해 종교적 성찰과 인간의 본성을 통찰했다. 1664년 라 로슈푸코 공작의 『잠언집』과 라 브뤼예르의 『성격론』은 개인의 심리를 매우 냉소적으로 꿰뚫었다. 라파예트 부인은 『클레브 공작 부인』에서 사랑에 빠진 감정과 사랑을 믿지 못하는 이성 사이의 혼란을 뛰어난 심리 묘사로 보여 주었다. 니콜라 부알로는 『시적 예술』에서 모든 지적 작업에 필요한 엄격함과 명료함에 대해 썼다. 라퐁텐은 그리스의 고대 시인 이솝의 우화에서 영감을 받아, 1671년부터 1694년에 걸쳐 『우화』를 썼다.

몰리에르와 연극

데뷔 시절 많은 어려움을 겪은 장바티스트 포클랭, 즉 몰리에르는 훗날 '무슈(필립 오를레앙)'와 루이 14세의 보호를 받을 정도로 그 재능을 인정받았다. 그의 희극은 인간의 결점과 사회의 부조리를 고발했다. 이탈리아식 연극에 뿌리를 둔 『스카팽의 간계』, 대표작 『아내들의 학교』, 『타르튀프』 등 수많은 작품을 썼다. 몰리에르는 코미디 발레 「평민귀족」을 무대에 올리기 위해 음악가 륄리와 함께 작업했다. 1680년 루이 14세는 몰리에르 극단을 만들고, 오늘날의 코미디 프랑세즈를 창단하기 위해 부르고뉴 관저를 지었다.

장 라신은 비극 『안드로마케』에 이어 『브리타니쿠스』, 『페드르』 등으로 엄청난 성공을 거두고, 생시르의 젊은 아가씨들을 위해 『에스터』와 『아탈리』를 썼다. 이 작품은 간결한 문체와 뛰어난 감정 표현으로 프랑스의 보석이라 여겨진다.

라퐁텐의 『우화』는 다른 예술가들에게도 많은 영감을 주었다. 당대의 인간 습성을 아주 우의적으로 비판한 『우화』의 명장면들은 책의 삽화, 태피스트리, 도자기, 기타 여러 예술 작품의 소재가 되었다.

프랑스 자오선 그리니치자오선에서 동쪽으로 2°20'14.025"되는 곳에 있다.

음악의 다양화

무용 아카데미(1661년), 음악 아카데미(1669)가 창설되어 음악계를 지배했다. 1672년 국왕은 륄리에게 음악과 연극의 감독권을 일임했다. 왕을 위한 음악(교회 음악, 실내악, 마사 음악)과 궁의 각종 행사에서 음악을 전담할 음악단원이 꾸려졌다. 하프시코드, 오르간, 류트, 비올라 다 감바 같은 악기들이 연주되었다. 바이올린과 기타 같은 대중적 기원을 둔 악기, 뮈제트 같은 민속 악기들도 인기가 많았다.

마르크앙투안 샤르팡티에, 리샤르 들라랑드, 프랑수아 쿠프랭은 뛰어난 종교 음악 작곡가였다. 「밝은 샘물가에서」, 「잔통은 낫을 들었네」 같은 민요들이 이때부터 나오기 시작했다.

프랑스 과학의 비약적 발전

1666년 왕립 과학 아카데미 창설과 함께, 루이 14세는 '학자 일지'라는 모임을 지원하면서 학문적 성과를 전 유럽에 알렸다. 네덜란드의 물리학자이자 천문학자였던 하위헌스 같은 뛰어난 외국 학자들에게도 연금을 지급하며 연구를 독려했다. 콜베르는 파리 왕립 관측소 창설을 지원하기도 했다(1667년). 건물은 클로드 페로가 지었으며 나중에 천문학자 카시니가 개조했다. 카시니는 관측소에 프랑스 자오선을 설치하여, 지구의 경도를 정확히 재는 데 사용했다.

파리 왕립 관측소 빌라에서 콜베르 경이 루이 14세에게 왕립 과학 아카데미의 학자들을 소개하고 있다.

사회의 중심이었던 종교

루이 14세 치하는 종교적 색채가 강한 시대였다. 왕은 매일같이 가톨릭 신앙 안에 살았으나, 권력으로서의 국가 종교는 가혹하고 혹독했다.

자크 베니뉴 보쉬에. 로마 가톨릭 교회의 수장으로서 위엄이 돋보인다. 왕권신수설의 창시자로, 왕을 적극 지지하며 개신교도와의 싸움에 앞장섰다. 하지만 오늘날은 『추도사』라는 프랑스 고전 문학의 걸작을 남긴 문인으로 더욱 유명하다.

독실한 가톨릭 신자

루이 14세는 1654년 6월 7일 랭스에서 대관식을 올렸다. 대관식과 함께 군주의 왕권은 신권에 버금가는 상징성을 부여받았다. 독실했던 왕은 아침저녁으로 늘 기도를 올렸고, 아무리 바쁜 일이 있어도 미사를 거르는 날이 없었다. 특히 승전을 하면 신에게 꼭 감사 기도를 올렸다.

왕의 고해를 듣는 신부는 언제나 예수회파 사제들이었다. 이들은 왕에게 깊은 영향을 미쳤다. 그들 가운데 하나가 페르 드 라 셰즈 신부였다. 파리 동부에 있었던 그의 소유지는 19세기에 페르라셰즈 공동묘지로 조성되었다. 프랑스 국왕은 국적을 초월한 '가톨릭 신앙의 수호자'였다. 왕은 헝가리 투르크족의 세력을 약화시키고, 아시아에 가톨릭 신앙을 전파하는 선교 사업을 독려했다.

수많은 성직자들

국왕은 주교를 임명할 권한을 가졌다. 덕분에 교회의 수장이 되는 데 출신은 그다지 중요하지 않았다. 1660년대 성직자는 26만 6천 명에 달했고, 이는 프랑스 인구의 10%에 해당했다. 적어도 18만 명은 수도사 아니면 수녀였다!

수많은 자선 단체들이 생겼으며, 성직자들의 주요 임무는 가난한 사람들을 돌보고 교육하는 것이었다. 순례와 예배 행렬, 강독, 선교 및 명상 등으로 종교 생활이 이뤄졌다. 마시용의 『설교집』, 보쉬에의 『추도사』는 명설교의 전형을 보여준다.

랭스의 노트르담 성당에서 거행된 루이 14세의 대관식 장면.

가톨릭 신앙의 승리를 표현한 알레고리. 이단과 이교에 맞서 싸우는 루이 14세.

낭트 칙령 1598년 4월 앙리 4세(가톨릭이 아닌 개신교 출신)가 낭트에서 공포한 칙령. 신교파인 위그노에게 조건부로 종교의 자유를 허락했다.

장세니스트

루이 14세 시대에 또 하나의 거대한 종교적 운동이 있었는데, 바로 장세니슴이다. 장세니스트들은 성찬을 거부하고 더욱 엄격한 고행을 하는 청빈한 수도자적 삶을 주장했다. 아우구스티누스의 신학을 지지하는 구령 예정설(구원의 대상은 신이 정한다)과 엄격한 신앙은 사람들, 특히 지식인의 마음을 끌었다.

왕실은 여기서 개신교와의 비슷한 점을 느끼고, 신앙적, 국민적 결집체로 발전할 수도 있다고 여겼다. 1661년부터 국가는 이들에 대한 반감을 공식적으로 표출했다. 1679년에는 장세니슴을 따르는 수녀들을 파리의 포르루아얄 수도원에 몰아넣었고, 이곳은 결국 반체제 인사들의 근거지가 되었다. 이 사상은 베르사유 근처의 포르루아얄 데 샹 수도원으로 번졌다. 하지만 1709년 주동자들은 모두 소탕되었고, 수녀들은 쫓겨났다.

개신교도들

1680년 국가는 남동부에 주로 모여 살던 개신교도들을 억지로 개종시키려 했다. 1685년 **낭트 칙령**이 철회되었다. '자칭 개혁 종교(RPR)'에는 적어도 1백만 명의 신자들이 있었다고 추산되는데, 이들은 대부분 루아르 강 남쪽에 살았다. 이들은 이단자, 이웃 개신교 국가와 공모한 자라는 명분으로 비난받았다. 종교의 자유를 보장했던 헌장이 폐기되자 약 20만 명이 영국, 네덜란드, 프러시아 등지로 도망갔다. 이들은 대부분 '위그노'라 불리는 지식인이나 엘리트 상인들이었다. 세벤 산맥과 랑그도크 지방으로 쫓겨났던 칼뱅파 신교도들과 농민들은 1702년과 1705년 두 차례에 걸쳐 반란을 일으켰다.

포르루아얄 수도원 의상을 입은 두 수녀.
치료의 기적을 감사하는 기도를 올리고 있다.

화려함의 이면

1694년 페늘롱은 왕에게 경고했다. "당신의 백성들이 굶어 죽고 있습니다. 프랑스는 비축 식량 하나 없는, 황량하기 짝이 없는 큰 병원입니다."

왕궁이 넓고 사치스러웠던 데 반해 농민의 삶은 정반대였다. 유일한 공통점은 왕이나 농민이나 늘 많은 일에 시달렸다는 점이다. 또 나약한 존재감도 둘의 공통점이었다.

고된 농촌 생활

인구의 90%를 차지하는 농민들은 촌민이라고도 불렸다. 종교 축제에 모이고, 계절 농사 때 서로 도왔지만 큰 존재감은 없었다. 주식은 빵과 채소 수프였고, 어쩌다 가끔 고기나 달짝지근한 죽을 먹었다. 버터나 계란은 사치품이었고, 포도주와 각종 술이 많이 소비되었다.

농민들은 세금 포탈과 영주들의 횡포에 가끔 반란을 일으키기도 했는데, '붉은 모자'라 불린 농민 반란이 브르타뉴 지방에서 일어났다(1675년). 반란의 목적은 담배, 수입 인지, 주석 식기 등에 새로운 세금을 부과하는 것을 반대하는 것이었다. 정부는 반란자들을 노예 갤리선에 보낼 정도로 철저히 탄압했다.

위험한 도시

루이 14세 시대에 파리에는 약 50만 명이 살았고, 당시 유럽에서 인구 밀도가 가장 높았다. 경찰 당국은 거지, 부랑아 들과 싸워야 했다. 또 창밖으로 오물을 버리는 사람들을 단속하느라 정신이 없었다. 밤에는 치안이 불안정하여 5,532개의 등불이 거리와 둑을 밝혔다.

사치와 가난은 비위생 속에 뒤섞여, 언제든 어떤 계급의 사람이든 심각한 전염병에 걸릴 수 있었다. 노동자와 장인들은 직업 조합을 만들어 일자리를 잃지 않기 위해 노력했으나, 실업자가 되기 일쑤였다. 가난하고 헐벗은 자들을 위한 종합 병원도 생겼다. 왕궁을 지었던 건축가들이 가난과 비참함을 숨기기 위해 넓은 왕궁 형태로 병원을 건축했다.

파리의 카드 제조 공장. 파리에서 카드놀이가 대유행이었기 때문에 다들 신나게 일하고 있다. 교회와 경찰의 훈계와 질책에도 불구하고 사회 모든 계층이 카드놀이에 빠졌다.

도시 미화

수도 파리에서는 매일 큰 공사가 이뤄졌다. 센 강을 따라 강둑이 세워졌고, 목조 다리 대신 석조 다리가 놓였다. 나무들이 심어진 옛 산책로에 개선문 형태의

생마르탱 문은 파리 북부 입구 중 하나다. 문에 새겨진 부조는 루이 14세의 승리를 기리는 내용이다. 왕의 무훈은 파리의 명예를 다시 한번 드높였다.

퐁뇌프 다리에서 바라본 파리 정경. 사람들과 마차들이 바삐 움직이고 있다. 수도 파리의 활기가 그대로 느껴진다. 뒤에 보이는 큰 건물은 루브르 궁이다.

생드니 문, 생마르탱 문이 세워졌다. 빅투아르 광장과 루이르그랑 광장(오늘날의 방돔 광장)이 정비되었다. 포부르 생토노레, 포부르 생제르맹과 같은 옛 성의 외곽 지역들, 또 생루이 섬 같은 곳에 안뜰과 정원을 갖춘 고급 저택들이 들어섰다. 생로슈, 생쉴피스 교회들은 고대 로마 건축 양식을 떠오르게 했다. 엑상프로방스, 보르도, 그리고 디종 등 의회를 갖고 있었던 지방 12개 주요 도시에서는 귀족과 부르주아 들이 아름다운 저택을 소유하고 있었다.

루이 14세 기마상의 축소 모형. 지금은 파리의 방돔 광장인 루이르그랑 광장을 장식하고 있다. 왕을 로마 황제처럼 표현했다.

광장과 기마상

도시 및 지역의 재정 지원을 받아 조성된 광장의 한가운데에는 왕의 기마상이 들어섰다. 이런 기마상들은 군주권의 '프로파간다(선전물)' 역할을 했다. 20여 개의 프로젝트가 구상되었는데, 그 가운데 8개가 렌, 파리, 베르사유, 디종, 리옹, 몽플리에에 세워졌다. 그러나 대부분이 프랑스 혁명 때 대포를 맞아 파손되었다. 프랑스의 기마상은 유럽 전역에 영감을 주어, 상트페테르부르크, 베를린, 스톡홀름 등지에서도 왕의 기마상을 찾아볼 수 있다.

힘들었던 통치 말기

모든 분야에서 왕에게 지나치게 쏠린 권력에 대해 이의를 제기했다. 군사적 실패, 상속자들의 죽음으로 인한 복잡한 승계 문제는 루이 14세의 심신을 지치게 했다. 왕이 죽을 날짜를 맞추는 내기가 벌어지기도 했다.

기근은 19세기까지도 유럽 사회를 좀먹었다. 1710년의 기근은 특히나 끔찍했다. 수많은 인명 손실을 가져왔고, 국왕은 파리 주민들의 마음을 달래기 위해 루브르에 설치된 화덕에서 직접 구운 빵을 배급했다.

에스파냐 왕위 계승

에스파냐의 카를로스 2세는 직속 후계자가 없어, 루이 14세의 손자인 필립 당주 공작(펠리페 5세)에게 왕관을 넘겨주었다. 이는 질투심 많은 도트리슈 왕비와 1702년 연합한 영국과 네덜란드를 고려하지 않은 처사였다. 프랑스의 첫 희생자들은 군사적 재앙을 겪었다. 외죈 드 사부아 왕자와 「말부르쿠는 전쟁에 나간다네」의 주인공인 말보로 공작은 탁월한 전략을 보여주었다. 1712년 드냉 전투의 승리자 빌라르 사령관은 위트레흐트 조약(1713년)과 라스타트 조약(1714년)을

이끌어내며, 알자스, 아르투아, 플랑드르, 프랑슈콩테, 세르다뉴와 루시용과 같은 정복지를 지켜냈다.

기근의 시대

1710년 왕의 식탁 밑에서도 물이 언다는 말이 나돌 정도로 혹독했던 겨울 한파가 지나가자 심각한 기근이 찾아왔다. 흉년은 무려 80만 명의 사람들을 죽음으로 내몰았다.
지방장관들은 지역 간 식량 이동을 철저하게 관리했고, 장 바르의 해군 전함은 해적선과 곡물 상선 들을 철저히 조사했다.

후에 에스파냐 왕이 된 필립 당주 공작은 수많은 전쟁에도 불구하고 오늘날까지 이어져 내려오고 있는 에스파냐 부르봉 왕조를 세우는 데 기여했다.

무척이나 사실적인 루이 14세의 옆모습. 왕은 죽기 바로 전날 밀랍으로 용안을 떴다. 가발도 루이 14세가 실제 썼던 것이다.

루이 14세의 최후

1715년 8월 초 마를리에서 사냥을 하던 왕은 다리가 아프다며 베르사유 궁으로 돌아갔다. 의사들은 신경통이 도진 것이라 안심시켰지만, 왕의 다리는 곧 썩어 들어가기 시작했다. 심한 고통에도 불구하고 왕은 정해진 일정을 모두 마쳤다. 기나 나무 껍질이 든 포도주를 마셨고, 암탕나귀 젖을 약처럼 마셨다. 마사지 치료도 받았지만, 결국 허벅지까지 살이 썩어 왕의 임종은 길고도 고통스러웠다.

왕은 가톨릭식으로 죽음을 맞이할 시간을 가진 후, 마침내 1715년 9월 1일 일요일에 사망했다. 의회는 즉각 섭정을 하게 될 오를레앙 공에게 유리하도록 루이 14세의 유언을 파기했다.

누가 상속자가 될 것인가?

1711년과 1712년 사이 루이 14세는 후손들의 죽음을 지켜봐야 했다. 왕세자는 천연두로 죽었고, 부르고뉴 공작, 브르타뉴 공작이 연달아 홍역으로 죽었다. 왕의 조카인 오를레앙 공작이 이들을 독살했다는 소문이 돌았다.

적통 승계자가 없어 결국 루이 14세의 증손자인 당주 공작이 왕위를 이어받아, 훗날 루이 15세가 되었다. 당주 공작은 왕국의 미래를 너무 근심한 나머지 적통인 마인 공작, 툴루즈 백작 등 직계 상속자가 사망할 경우 자신이 왕위를 계승할 수 있다는 말을 공공연하게 하고 다녔다. 그 결과 공작은 직통 왕자인 오를레앙, 콩데, 콩티 등과 사이가 멀어졌다.

필립 오를레앙은 프랑스의 힘을 되찾기 위해 효율적인 대리 집권을 수행했다.

신화와 전설

루이 14세와 화려했던 그의 시대는 역사뿐만 아니라 다른 분야 사람들의 상상력도 자극했다.
믿을 수 없을 만큼 위대했던 시대의 유산으로 무엇이 있을까?

어두운 전설

루이 14세의 말년이 너무 어두웠던 나머지 많은 업적들이 가려졌다. 루이 14세의 죽음 이후 쓰인 뷔시라부탱, 페늘롱 같은 동시대인의 글이나 루이 14세를 싫어했던 생시몽 공작의 『회상록』은 왕과 그의 정치에 대한 나쁜 이미지를 심어 주었다. 세비녜 부인이 딸 그리냥 후작 부인에게 보낸 비평적이면서도 감성적인 편지에는 궁정 생활에 대한 소중한 증언들이 남아 있다. 볼테르는 1715년 출판한 『루이 14세의 세기』에서 고대의 위대한 왕들과 루이 14세를 비교하면서 군주권을 칭송한다. 하지만 19세기의 쥘 미슐레와 에르네스트 라비스 같은 역사학자들은 엄격한 평가를 내린다.

프랑스를 방문한 러시아의 표트르 1세는 그 아름다움에 놀라, 상트페테르부르크에서 멀지 않은 곳에 페레르고프(여름 궁전)를 짓게 했다. 정원과 작은 숲이 어우러진 폭포 등은 마를리 궁의 분수를 참고해 만들었다.

유럽에 미친 영향

프랑스 혁명 전까지 유럽의 군주들은 루이 14세로부터 영감을 받아 중앙 집권적 절대 권력을 꿈꾸었다. 18세기 내내 프랑스는 지식인들의 명성 덕에 학문, 언어, 문화, 예술 분야에서 하나의 기준이 되었다. 특히 베르사유 궁의 영향력은 절대적이었다. 이에 영감을 받아 러시아의 표트르 1세는 상트페테르부르크에 여름 궁전인 페레르고프를 세웠다. 오스트리아의 마리아 테레지아는 수도 빈 인근의 쇤브룬에 거주했으며, 나폴리와 시칠리아의 왕이기도 했던 에스파냐의 카를로스 3세는 나폴리에서 멀지 않은 카세르타에 여름 궁전을 지었다.

루이 14세 시대의 걸작 중 하나인 「알렉산드로스 대왕의 바빌론 입성」은 고대 그리스의 젊은 영웅의 승리와 영광을 표현했다. 루이 14세는 알렉산드로스처럼 영광스러운 군주가 되고 싶어 했다.

바이에른의 모방

1878년부터 바이에른 왕국의 루트비히 2세는 킴제 호수 한가운데에 위치한 섬에 베르사유와 똑같은 성을 만들기로 결심했다. 그러나 시간이 부족해 70개의 방 중에 50개가 완성되지 못했고, 루트비히 2세는 일 년 동안 그 성에서 고작 16일 정도만 지냈다고 한다. 헤렌킴제 성은 '대사들의 계단(루이 15세 때 파손되었다)'도 모방했다.

당시 베르사유는 명예의 상징이었기 때문에, 빈, 파리, 브뤼셀 등의 왕궁 계단도 이 계단을 모방했다.

19세기 말 다시 복구된 바이에른 왕국 헤렌킴제 성의 계단. 베르사유 궁의 '대사들의 계단'에서 영감을 받았다.

영화 「왕의 춤」(2000)에서 배우 브누아 마지멜이 베르사유 궁에서 직접 발레를 추었던 젊은 왕 루이 14세를 연기했다. 왕에게 무용은 예법 훈련이자 권력 강화를 위한 도구였다.

세계적 명성

최근 몇몇 사람들은 루이 14세 통치에 대해 훨씬 정당한 평가를 내린다. 특히 1966년에 촬영된 로베르토 로셀리니의 「루이 14세의 집권」은 그동안의 고정 관념을 그대로 담아내면서도 새로운 이미지를 덧붙였다. 태양왕의 인기는 여전해서, 베르사유 궁은 일 년 방문객 수가 3백만 명에 달한다.

태양왕 루이 14세의 가계도

루이 13세
(1601~1643)

| 루이 14세 | 마리 테레즈 도트리슈 | 발리에르 공작 부인 |
| (1638~1715) | (1638~1683) | (1644~1710) |

안 엘리자베트 (1662)
마리안 (1664)
필립, 당주 공작
(1666~1671)
마리 테레즈 (1667~1672)
루이 프랑수아, 당주 공작
(1672)

샤를 (1663~1665)
필립 (1665~1666)
마리안, 블루아 양
(1666~1739)
루이, 베르망두아 공작
(1667~1683)

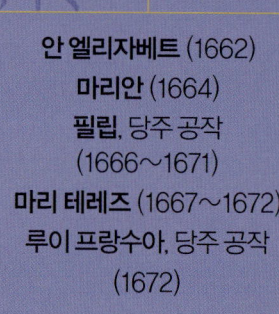

루이, 왕세자
(1661~1711)

필립, 당주 공작, 에스파냐 왕
(1683~1746)
샤를, 베리 공작 (1686~1714)

루이, 부르고뉴 공작,
루이 15세의 아버지
(1682~1712)

안 도트리슈
(1601~1666)

몽테스팡 후작 부인
(1640~1707)

맹트농 후작 부인
(1635~1719)

필립 2세
(1640~1701)

부르봉 오를레앙 가문

루이 오귀스트, 마인 공작
(1670~1736)
루이 세자르, 벡생 공작
(1672~1683)
루이즈 프랑수아즈, 낭트 양
(1673~1743)
프랑수아즈 마리 (1677~1749)
루이 알렉상드르, 툴루즈 백작
(1678~1737)
루이즈 마리, 투르 양 (?~1681)

필립 3세,
샤르트르 공작, 오를레앙 공작
(1674~1723)

그림 및 사진 설명

표지
이아생트 리고(1659년~1743년), 「루이 14세, 프랑스 왕」, 캔버스에 유채, 파리, 루브르 박물관: ⓒRMN / H. Lewandowski.
파텔 피에르, 「베르사유 궁과 정원」, 1668년, 캔버스에 유채, 베르사유, 베르사유 궁과 트리아농: ⓒPhototèque Hachette.
실베스트르 이스라엘, 「1662년 카루젤의 첫 4인조 부대에게 명령을 내리는 로마 황제 옷을 입은 루이 14세」, 1658년, 궁의 왕과 왕세자들과 영주들의 마상 시합, 장면 일부, 채색 삽화, 1670년, 파리, BNF: ⓒPhototèque Hachette.

면지
「베르사유 궁과 정원 전경」(표지).

속표지
「루이 14세, 프랑스의 왕」(표지).
태양왕, 파리, BNF, 메달실: ⓒPhototèque Hachette.

P. 2-3
작가 미상, 「프랑스 여왕 안 도트리슈와 왕세자 루이 드 프랑스」 일부, 17세기, 캔버스에 유채, 베르사유, 베르사유 궁과 트리아농: ⓒPhototèque Hachette.
「말을 탄 젊은 루이 14세」, 1650년, 캔버스에 유채, 베르사유, 베르사유 궁과 트리아농: ⓒPhototèque Hachette.
샤를 르 브룅(1619년~1690년), 「루이 14세」, 1665년, 파스텔, 파리, 루브르 박물관: ⓒRMN / J.-G.Berizzi.
장 바랭, 「루이 14세」, 금화에 돋을새김, 측면, BNF: ⓒPhototèque Hachette.
작가 미상, 「발레 '밤'에서 아폴론으로 분한 루이 14세」, 일부, 판화, 17세기, 파리, BNF: ⓒRMN / Bulloz.
앙투안 베노아(1638년~1717년), 「68세의 루이 14세」, 밀랍, 베르사유, 베르사유 궁과 트리아농: ⓒPhototèque Hachette.

P. 4-5
필립 드 샹페뉴(1602년~1674년), 「루이 13세의 서약」, 1638년, 캔버스에 유채, 캉, 보자르 미술관: ⓒGiraudon/Bridgeman Art Library.
자크 사라쟁(추정), 「다섯 살의 루이 14세」, 브론즈, 파리, 루브르 박물관: ⓒ루브르 박물관 / P.Philibert.
「루이 14세와 지로디에르의 롱귀에 부인」, 캔버스에 유채, 17세기, 베르사유, 베르사유 궁과 트리아농: ⓒPhototèque Hachette.
작가 미상, 「프랑스 여왕 안 도트리슈와 왕세자 루이 드 프랑스」(2쪽).
필립 드 샹페뉴, 「마자랭 추기경」, 캔버스에 유채, 샹티이, 콩데 박물관: ⓒRMN / H. Bréjat.

P. 6-7
앙투안 쿠아즈보(1640년~1720년), 「부르봉의 루이 2세, "대(大)콩데"(1621년~1686년)」, 브론즈, 파리, 루브르 박물관: ⓒ루브르 박물관 / P. Philibert.
피에르 부르기뇽(1630년~1698년), 「아버지 가스통 드 프랑스(오를레앙 공작)의 주화 초상화를 들고 있는, 예술의 수호신 미네르바로 표현된 안 마리 루이즈 도를레앙, 몽팡시에 공작 부인(1627년~1693년)」, 캔버스에 유채, 1672년, 베르사유, 베르사유 궁과 트리아농: ⓒRMN / G. Blot, C. Jean.
「말을 탄 젊은 루이 14세」(2쪽).
작가 미상, 「1648년~1652년 프롱드의 난 가운데 한 장면, 바스티유 성벽 아래 생앙투안에서 싸우고 있는 두 기사」, 17세기, 캔버스에 유채, 베르사유 궁과 트리아농: ⓒRMN / 모든 권한 소유.

P. 8-9
루이 부당, 「1660년경 루이 14세」, 구아슈, 17세기, 파리, BNF: ⓒPhototèque Hachette.
필립 드 샹페뉴(1636년~1716년), 「바스빌 후작, 기욤 드 라무아뇽(1617년~1677년), 파리 의회 첫 의장」, 캔버스에 유채, 베르사유, 베르사유 궁과 트리아농: ⓒRMN / G. Blot.
루이 르 보, 보르비콩트 성, 17세기, 보르비콩트: ⓒErich Lessing.
작가 미상, 「교회와 국가를 위한 공무로 루이 르 그랑의 포상을 받는 사람들」, 1696년, 뷔렝 부식 동판화, 로스차일드 소장품, 파리, 루브르 박물관: ⓒRMN / J.-G. Berizzi.

P. 10-11
루이 14세 친필 사인: ⓒPhototèque Hachette.
「1672년 의회 및 고등 법원 회의를 주재하고 있는 루이 14세」, 캔버스에 유채, 1672년, 베르사유, 베르사유 궁과 트리아농: ⓒPhototèque Hachette.
피터 루이 판스 슈펜(1627년~1702년), 「프랑수아미셸 르 텔리에(1641년~1691년), 루부아 후작, 군 총비서 및 민간 건물 및 예술, 매뉴팩처 총책임자」, 판화, 베르사유, 베르사유 궁과 트리아농: ⓒRMN / G. Blot.
「콜베르(1619년~1683년)」, 파리, 루브르 박물관: ⓒ루브르 박물관 / P. Philibert.
작가 미상, 「세금 납입」, 에콜 프랑세즈, 1709년, 판화: ⓒLauros-Giraudon / Bridgeman Art Library.

P. 12-13
「고블랭 매뉴팩처를 방문 중인 루이 14세, 1667년 10월 15일, 루이 14세가 주문한 『왕의 역사』 그림, 17세기, 베르사유, 베르사유 궁과 트리아농: ⓒPhototèque Hachette.
장바티스트 마스(1687년~1767년), 「1667년 두 바다의 결합」, 판화, 베르사유, 베르사유 궁과 트리아농: ⓒRMN / G. Blot.
작가 미상, 「퐁디셰리, 프랑스 동인도 회사 상점들 전경, 해군 제독 및 총독 관저」, 데생, 파리, 케 브랑리 박물관: ⓒRMN / G. Blot.
페터 라이니케(1715년~1738년), 「루이지애나의 상징인 악어 위에 앉아 있는 아메리카」, 작센 도자기상, 블레랑쿠르, 협동 박물관: ⓒRMN / G. Blot.

P. 14-15
샤를 르 브룅과 아담 프란츠 반 데르 묄렌(1632년~1690년)의 그림에 따라 클로드 발랭이 그린 마분지화. 「1662년 12월 1일 됭케르크의 루이 14세 입성」, 고블랭 태피스트리, '왕의 역사' 시리즈, 베르사유, 베르사유 궁과 트리아농: ⓒPhototèque Hachette.
샤를 르 브룅, 「오베르뉴의 앙리 드 라 투르, 튀렌의 자작(1611년~1675년), 1643년 프랑스 원수」, 1663년, 캔버스에 유채, 베르사유, 베르사유 궁과 트리아농: ⓒRMN / G. Blot.
대(大) 장바티스트 라 로즈(1612년~1687년), 「1679년 마르세유 병기창에서 건조 중인 갤리선 '레알'을 시찰하고 있는 세뉠레 후작과 비본 공작」, 캔버스에 유채, 베르사유, 베르사유 궁과 트리아농: ⓒRMN / G. Blot.
소(小)피에르 드니 마르탱(1663년~1742년), 「1706년 8월 28일 루이 14세 앵발리드 병원 및 교회 낙성식」, 캔버스에 유채, 파리, 카르나발레 박물관: ⓒPhototèque Hachette.

P. 16-17
데자르댕이라 불리는 마르탱 반 덴 보가에르트(1637년~1694년), 「네이메헌 화약(1679년), 패배국들을 표현한 빅투아르 광장 기념물, 일부, 에스파냐 포로」(예전에는 청동에 금칠한 조각상), 파리, 루브르 박물관: ⓒ루브르 박물관 / P. Philibert.
앙투안 쿠아펠(1661년~1722년), 「루이 14세의 영광의 알레고리」(1684년 8월 15일 조인된 라티스본 협정), 1684년 경, 캔버스에 유채, 베르사유, 베르사유 궁과 트리아농: ⓒRMN / H. Lewandowski.
아담 프란츠 반 데르 묄렌, 「1672년 6월 12일 라인 강 도하」, 캔버스에 유채, 베르사유, 베르사유 궁과 트리아농: ⓒPhototèque Hachette.

P. 18-19
피에르 고베르(1662년~1744년), 「무도회 의상을 입은 여자」, 캔버스에 유채, 파리, 카르나발레 박물관: ⓒPhototèque Hachette.
「1662년 카루젤의 첫 4인조 부대에게 명령을 내리는 로마 황제옷을 입은 루이 14세」(표지 참고).
「발레 '밤'에서 아폴론으로 분한 루이 14세」(3쪽).
장 르 포트르(1618년~1682년), 「축제가 열리는 연회실로 들어가는 루이 14세, 1668년 7월 18일 베르사유 궁에서 루이 14세가 베푼 성대한 왕실 오락 축제」, 베르사유, 베르사유 궁과 트리아농: ⓒRMN /G. Blot(3쪽 참고).
앙투안 쿠아펠, 「1715년 2월 19일 거울의 방에서 페르시아 사절단을 받는 루이 14세」, 1715년, 캔버스에 유채, 베르사유 궁과 트리아농: ⓒPhototèque Hachette.

P. 20-21
샤를 르 브룅에 따라 아담 프란츠 반 데르 묄렌, 「1663년 11월 11일 스위스 13개 지방 대사들을 루브르에서 맞고 있는 루이 14세」, 캔버스에 유채, 베르사유, 베르사유 궁과 트리아농: ⓒPhototèque Hachette.
작가 미상, 「루이 르 그랑, 백성에 대한 사랑과 기쁨」, 판화, 파리, 루브르 박물관, 로스차일드 소장품: ⓒRMN / M. Bellot.
프랑수아 데포르트(1661년~1743년), 「디안과 블롱드」, 캔버스에 유채, 파리, 루브르 박물관: ⓒRMN / D. Arnaudet.

P. 22-23
「1661년 안 도트리슈와 루이 14세의 결혼 알레고리」, 캔버스에 유채, 17세기, 베르사유, 베르사유 궁과 트리아농: ⓒPhototèque Hachette.
「루이 14세」(2쪽).
피에르 미냐르(1612년~1695년), 「루이즈 드 라 봄 르 블랑, 라 발리에르 공작 부인과 그 자녀들」, 캔버스에 유채, 베르사유, 베르사유 궁과 트리아농: ⓒRMN / 모든 권한 소유.
샤를 드 라 포스(1636년~1716년), 「1677년 자식들과 함께 있는 몽테스팡 후작 부인」, 캔버스에 유채, 베르사

유 궁과 트리아농: ⓒRMN / G. Blot.
니콜라 드 라르므생 III(1640년~1725년경), 「마리앙젤리크 데스코라이으 드 루시유, 퐁탕주 공작 부인」, 베르사유, 베르사유 궁과 트리아농: ⓒRMN/G,Blot.
루이 엘(1648년~1717년), 「프랑수아즈 도비네, 조카 프랑수아즈 아마블 도비네와 함께 있는 맹트농 후작 부인」, 캔버스에 유채, 1688년, 베르사유, 베르사유 궁과 트리아농: ⓒRMN / G.Blot.

P. 24-25
이아생트 리고, 「바이에른의 엘리자베트 샤를로트, 팔라틴 공주, 오를레앙 공작 부인」, 일부, 캔버스에 유채, 1713년, 베르사유, 베르사유 궁과 트리아농: ⓒRMN / G. Blot.
대(大)앙투안 마티외(1631년~1673년), 「필립 드 프랑스, 오를레앙 공작, 무슈. 1674년 대세자라 불린 루이 14세의 형」, 캔버스에 유채, 베르사유, 베르사유 궁과 트리아농: ⓒRMN / G. Blot, C. Jean.
피에르 미냐르, 「1687년, '왕세자'라 불린 루이 14세의 아들, 루이 드 프랑스의 가족」, 1687년, 캔버스에 유채, 베르사유, 베르사유 궁과 트리아농: ⓒRMN / G. Blot, C. Jean
이아생트 리고, 「루이 드 프랑스, 부르고뉴 공작」, 캔버스에 유채, 일부, 베르사유, 베르사유 궁과 트리아농: ⓒRMN / J. Popovitch.
장 노크레(1617년~1672년), 「신화적으로 표현된 루이 14세와 그 가족」, 캔버스에 유채, 베르사유, 베르사유 궁과 트리아농:ⓒRMN / 모든 권한 소유.

P. 26-27
「아폴론 갤러리」, 파리, 루브르 박물관: ⓒ루브르 박물관 / E. Revault.
세바스티앵 르 클레르(1637년~1714년), 「루브르 주요 입구를 덮고 있는 두 개의 큰 돌을 들어 올리는 데 사용되었던 기계 장치 재현. 뷔렝 부식동판화, 1677, 파리, 루브르 박물관: ⓒRMN / T. Le Mage.
「1662년 6월 5일 튈르리 궁에서 벌어진 카루셀」, 캔버스에 유채, 17세기, 베르사유 궁과 트리아농: ⓒPhototèque Hachette.
소(小)피에르 드니 마르탱, 「1724년경 마를리 궁의 전경」, 1724년, 캔버스에 유채, 베르사유, 베르사유 궁과 트리아농: ⓒPhototèque Hachette.
「루이 14세」, 이아생트 리고 학파, 캔버스에 유채, 베르사유, 베르사유 궁과 트리아농: ⓒPhototèque Hachette.

P. 28-29
「파리 쪽에서 본 베르사유 궁과 정원 전경」(표지)
거울의 방, 베르사유, 베르사유 궁과 트리아농: ⓒRMN / J. Derenne
앙투안 프세이, 「1695년 12월 18일 노트르담 뒤몽 카르멜과 생 라자르의 작전대장이 당고 후작의 서약을 받는 루이 14세」, 캔버스에 유채, 17세기, 베르사유, 베르사유 궁과 트리아농: ⓒPhototèque Hachette
장바티스트 마르탱(1659년~1735년), 「마사들, 궁의 풍경, 대리석 뜰」, 캔버스에 유채, 베르사유, 베르사유 궁과 트리아농: ⓒRMN / D,Arnaudet, H. Lewandowski.

P. 30-31
앙투안 마송(1636년~1700년), 「앙드레 르노트르(1613년~1700년), 왕궁 및 예술, 매뉴팩처 총책임자」, 뷔랭, 1692년, 샹티이, 콩데 박물관: ⓒRMN / H. Bréjat.
장바티스트 마르탱(1659년~1735년), 「오랑주리 전경, 1695년경 100개의 계단과 베르사유 궁」, 캔버스에 유채, 베르사유, 베르사유 궁과 트리아농: ⓒRMN / F. Raux
피에르 드니 마르탱, 「마를리 수도교 장치」, 캔버스에 유채, 베르사유, 베르사유 궁과 트리아농: ⓒRMN / 모든 권한 소유

P. 32-33
「프랑스의 왕, 루이 14세」(표지).
피에르 퓌제(1620년~1694년), 「크로토네의 밀론」, 1671년~1682년, 파리, 루브르 박물관: ⓒ루브르 박물관 / E. Revault.
장 가르니에(1632년~1705년), 「예술과 과학의 보호자 루이 14세 알레고리」, 캔버스에 유채, 베르사유, 베르사유 궁과 트리아농: ⓒRMN / D. Arnault, H. Lewandowski.
니콜라 드 라르질리에르(1656년~1746년), 「샤를 르 브룅, 왕의 첫 번째 화가」, 캔버스에 유채, 파리, 루브르 박물관: ⓒ RMN / R.–G.Ojéda.
앙투안 쿠아즈보, 「페가수스를 탄 헤르메스」, 대리석, 1699년~1702년, 파리, 루브르 박물관: ⓒ루브르 박물관 / P. Philibert.

P. 34-35
니콜라 푸생(1594년~1665년), 「아르카디아의 목동들」, 캔버스에 유채, 1638~1640년 무렵, 파리, 루브르 박물관: ⓒRMN / R.–G.Ojéda.
「루이 14세」 (3쪽).
피에르 들라바르(1625년~1654년), 갈색 옥수 꽃병과 술잔 형태의 줄무늬 마노, 미네르바 흉상 뚜껑, 용 모양의 손잡이, 고대 석조, 법랑을 입힌 금, 기상학, 파리, 루브르 박물관: ⓒRMN / M. Beck–Coppola.
'베르사유의 아르테미스'로 알려진 사슴과 아르테미스, 로마 제국 시대 작품(1~2세기), 대리석, 파리, 루브르 박물관: ⓒPhototèque Hachette.

앙드레샤를 불(1642년~1732년), 장롱, 흑단과 맨드라미 색의 화장 마감, 쪽매붙임 세공, 놋쇠, 주석, 편린, 뿔, 금도색된 청동, 파리, 루브르 박물관: ⓒErich Lessing.

P. 36-37
피에르 미냐르, 「몰리에르라 불리는 장바티스트 포클랭(1622년~1673년)」, 캔버스에 유채, 베르사유, 베르사유 궁과 트리아농: ⓒRMN / D,Arnault, G,Blot.
J. B. 우드리, 「까마귀와 여우」, 「라퐁텐 우화」, 1783년, 판화: ⓒPhototèque Hachette.
샤를 르 브룅에 따라 앙리 테스틀랭(1616년~1695년), 「1666년 파리 왕립 관측소 설립과 과학아카데미 창설, 콜베르가 소개해 주는 학자들에 둘러싸인 루이 14세」, 캔버스에 유채, 베르사유, 베르사유 궁과 트리아농: ⓒ Phototèque Hachette.

P. 38-39
루이즈 부테이에(1783년~1828년), 자크 베니뉴 보쉬에(1627년~1704년), 「모 지방 주교의 전신 초상」, 캔버스에 유채, 베르사유, 베르사유 궁과 트리아농: ⓒRMN / D,Arnaudet, J,Schormans.
르 포트르, 「1634년 6월 7일, 랭스 성당에서의 루이 14세 대관식」, 판화, 파리, BNF: ⓒPhototèque Hachette.
샤를 르 브룅, 「종교의 승리」, 캔버스에 유채, 파리, 루브르 박물관: ⓒRMN / G. Blot.
필립 드 샹페뉴, 「카트린 아녜스 아르노 수녀와 카트린 드 생 수잔 샹페뉴 수녀」, 봉헌물, 1662년, 캔버스에 유채, 파리, 루브르 박물관: ⓒPhototèque Hachette.

P. 40-41
작가 미상, 「파리의 주변」, 채색 판화, 파리, 카르나발레 박물관: ⓒRMN / Bulloz.
작가 미상, 「파리 왕세자 처소에서 놀 카드 제작」, 종이 위에 구아슈, 1680년, 파리, 카르나발레 박물관: ⓒ Phototèque Hachette.
프랑수아 지라르동(1628년~1715년), 「말 탄 루이 14세」, 브론즈, 녹인 밀랍으로 형을 떴음, 1692년~1699년, 파리, 루브르 박물관: ⓒ루브르 박물관 / P. Philibert.
「파리 퐁뇌프 전경과 루브르 후경, 마자랭 대학」, 1680년, 캔버스에 유채, 파리, 카르나발레 박물관: ⓒ Phototèque Hachette.

P. 42-43
이아생트 리고, 「에스파냐의 왕, 필리포스 5세(1683년~1746년), 에스파냐 의상을 입고 있는 1700년~1701년 모습」, 캔버스에 유채, 베르사유, 베르사유 궁과 트리아농: ⓒRMN / G. Blot.
작가 미상, 「기근 동안 루브르에서 왕의 빵 배급」, 17세기, 채색 삽화, 파리, BNF: ⓒGiraudon / Bridgeman Art Library / Archives Charmet.
「68세의 루이 14세」(3쪽).
작가 미상, 「오를레앙 공 필립, 프랑스의 섭정, 아들 샤르트르 공작과 함께 집무실에 있는 모습」, 18세기, 캔버스에 유채, 베르사유, 베르사유 궁과 트리아농: ⓒRMN / G. Blot.

P. 44-45
샤를 르 브룅, 「바빌로니아에 입성하는 알렉산드로스 대왕」, 캔버스에 유채, 17세기, 파리, 루브르 박물관: ⓒ RMN / D. Arnaudet, G,Blot.
바실리 세메노비치 사도프니코프(1800년~1879년), 「페레르고프 성의 정원, 마를리 폭포 전경」, 아크릴, 1830년~1860년, 페트로드보레츠, 상트페테르부르크, 페레르고프 성: ⓒGiraudon / Bridgeman Art Library.
게오르그 폰 돌만(1830년~1895년), 「헤렌킴제 궁전의 기념비적인 계단. 바이에른의 루트비히 2세를 위해 건축한 저택, 19세기, 헤렌킴제: ⓒErich Lessing.
제라르 코르비오 감독의 영화 〈왕의 춤〉의 브누아 마지멜(루이 14세 역), 2000년, ⓒK-STAR / Arnaul Borrel.

P. 46-47
유스투스 판 에그몬트, 「프랑스의 왕 루이 13세」, 캔버스에 유채, 17세기, 베르사유, 베르사유 궁과 트리아농: ⓒ Phototèque Hachette.
페테르 루벤스(1577년~1640년), 「루이 13세의 아내, 안 도트리슈」, 캔버스에 유채, 1622년, 마드리드, 프라도 박물관: ⓒPhototèque Hachette.
피에르 미냐르, 「마리 테레즈 도트리슈와 왕세자」 일부, 캔버스에 유채, 마드리드, 프라도 미술관: ⓒ Phototèque Hachette.
「프랑스 왕 루이 14세」(표지).
「루이즈 드 라 봄므 르 블랑, 라 발리에르 공작 부인과 그 자녀들」(22쪽).
「1677년 자식들과 함께 있는 몽테스팡 후작 부인」(23쪽).
「프랑수아즈 도비네, 조카 프랑수아즈 아마블 도비네와 함께 있는 맹트농 후작 부인」(23쪽).
「필립 드 프랑스, 오를레앙 공작, '무슈'. 1674년 대세자라 불린 루이 14세의 형」(24쪽).
「루이 드 프랑스와 가족들, 루이 14세의 왕세자」(24쪽).
「오를레앙 공 필립, 프랑스의 섭정, 아들 샤르트르 공작과 함께 집무실에 있는 모습」(43쪽).
「루이 드 프랑스, 부르고뉴 공작」(25쪽).
「루이 부르고뉴 공작」(25쪽).